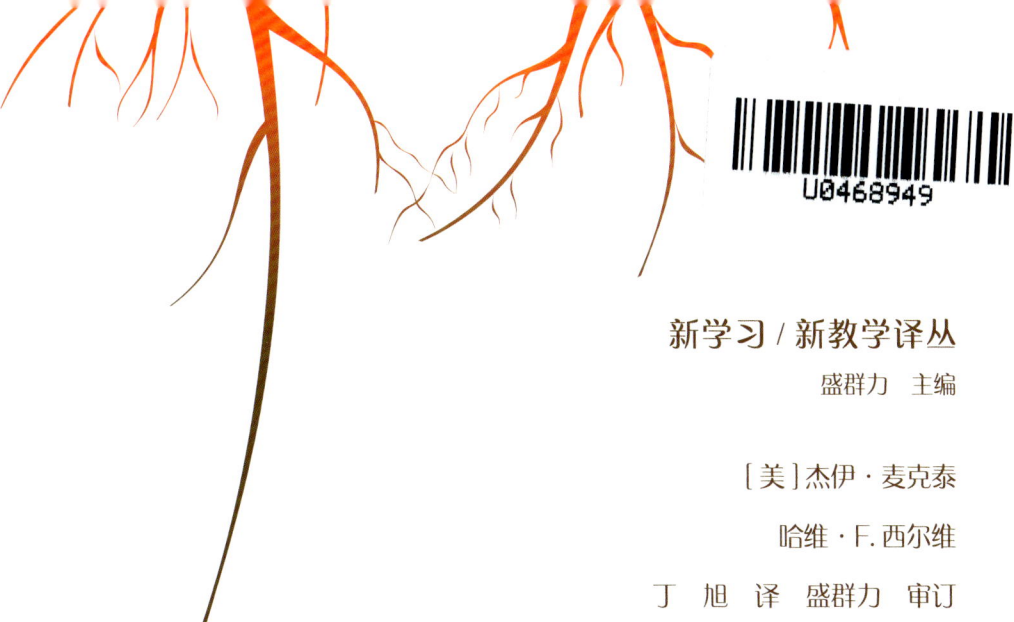

新学习/新教学译丛

盛群力 主编

[美]杰伊·麦克泰

哈维·F.西尔维

丁 旭 译　盛群力 审订

为深度学习而教

促进学生参与意义建构的思维工具

TEACHING FOR DEEPER LEARNING
Tools to Engage Students in Meaning Making

Jay McTighe

Harvey F. Silver

教育科学出版社
·北 京·

对《为深度学习而教》的美誉

本书的作者杰伊·麦克泰（Jay McTighe）和哈维·F. 西尔维（Harvey F. Silver），围绕有效思维技能、基本问题和基于概念的课程，在书中展现出了丰富的知识和多样的教育理念，用以帮助一线教师促进学生的深度学习和知识迁移。本书呈现了七种能够使学生获得更多知识的思维技能，并且探讨了如何应用这七种思维技能搭建跳板以形成教育中的"大概念"——能够反映深度学习的，具有迁移性、概念性的概念。这本专著通俗易懂，条理清晰，通过有序的章节介绍了教学中的实用工具、先进的教学理念和优质的教学案例，以便辅助教师进行有意义的教学。

在各个时代，教育都会产生不同的个人创新。当课程和教学的引导者结合最先进的理念时，不仅能够确定一个更高等级的目标，而且能够为实现这个目标找到明确的方法，从而真正在教育领域做出一定的贡献。本书在教育领域就是这样一个非常有意义的创新。

——H. 林恩·埃里克森博士（Dr. H. Lynn Erickson），
作家、演讲家

如果你想提升教学技能，丰富教学策略储备，以帮助学生有效运用大脑进行深度学习，本书就是为你量身定制的。本书通过培养思维技能帮助学生主动处理信息，进而提高学生大脑的执行能力，实现其对知识的深度理解，掌握终身学习的技能。

我办公桌上放参考书的地方不大，刚好只能放五本，《为深度学习而教》这本书是叠放在最上面的那一本。

——朱迪·威利斯（Judy Willis），医学博士，
权威认证的神经学专家、教师、作家、顾问

当今，绝大部分学生都可以通过智能手机获取许多知识，因此在现代世界中，迫切需要培养人更全面的能力。学生需要学会分析信息的准确性，理解信息来源的背景和信息分析的角度，能够自己做出总结，采取可靠的行动（通常与他人合作），并且能够评估这一行动会产生什么影响，以及根据最新信息重新进行评估，这些关键的能力是学习者为适应当今世界所必须具备的。《为深度学习而教》这本书正是为教师提供了这样一些有力的工具，使学生逐渐具备相关的能力。

——迈克尔·R. 康奈尔（Michael R. Cornell），
纽约汉堡中心学区负责人

艾萨克·牛顿（Isaac Newton）说，他之所以能看得那么远，是因为他站在巨人的肩膀上。在本书中，我们也一直与两位教育界巨匠合作，他们是理查德·斯特朗（Richard Strong）和格兰特·威金斯（Grant Wiggins）。他们不仅是我们很好的朋友、同事，而且是教育思想界的领袖人物。虽然两位教育先驱已与世长辞，但他们的思想在本书中依然留存，我们谨以此书献给两位教育巨匠。

致　谢 ●●●

　　本书的撰写出于我们两人的共同兴趣。我们两人在各自的工作中都积累了一定的经验，然而现在要对我们两人加起来都快一百年的智慧进行总结，并不是一件易事。在整个过程中，我们两人进行了大量的讨论，不断提出问题，甚至在一些问题上存有争论。最后，我们创作完成了本书。因此，本书可以说是"理解为先教学"（Understanding by Design）和"高效思维课堂"（The Thoughtful Classroom）两种教学理念的有机融合。①

　　如果没有出色的写作团队的帮助，本书是不可能出版的。我们要感谢马修·佩里尼（Matthew Perini），他是一位了不起的语言大师，他在语言上的匠人精神和精雕细琢的指导对我们实现思想上的有机融合起到了至关重要的作用；阿比盖尔·布兹（Abigail Boutz）是一位很严谨的朋友，他帮助我们使这个作品的条理更加清晰，确保我们运用的研究工具和策略是实用的，并且便于读者应用和掌握；贾斯汀·吉尔伯特（Justin Gilbert）是本书的核心编

---

① "理解为先教学"是杰伊·麦克泰所秉持的教育理念，"高效思维课堂"是哈维·F. 西尔维所秉持的教育理念。——译者注

辑，他帮助我们确保书中所有的细节表述准确，以及手稿按时交付；还有金伯利·努涅斯（Kimberly Nunez），在本书出版的整个过程中总是为我们提供热心的帮助。

感谢美国督导与课程开发协会（Association for Supervision and Curriculum Development，ASCD）在整个作品出版期间给予的支持，我们才有机会同读者分享这些想法和理念。特别感谢ASCD出版团队，尤其是斯蒂芬妮·罗斯（Stefani Roth）、詹妮·奥斯特塔格（Genny Ostertag）和能干的编辑米里娅姆·考尔德伦（Miriam Calderone），感谢他们从本书撰写开始直到出版所给予的大力支持。

最后，感谢在研究中与我们共同奋斗的一线教师和管理人员。我们从你们身上学到了很多，希望本书能为整个教育行业的进步贡献一点力量。

杰伊和哈维

前 言

有这样一个传说，世界著名的建筑师和思想家巴克敏斯特·富勒（Buckminster Fuller）曾经对一个雄心壮志的年轻建筑师说，**"一个真正伟大的设计必须实现四个目标"**。富勒将这四个目标概括为以下四个简单的问题。

1. 这个设计是否达到了预期的目的？
2. 这个设计实用吗？
3. 人们会喜欢这个设计吗？
4. 这个设计漂亮吗？

本书的设计也依照了这四个问题的指导。首先，我们设定一个明确的目标，即帮助教育工作者做出至关重要的转变：从向学生提供信息（一种知识消耗模式）转变为让学生成为主动的意义学习者，使学生能够深度学习、转化知识。

其次，根据我们的经验，教育工作者一直在寻找实用的、在课堂上容易运用的资源和工具，因此我们努力使本书具有高度的功能性，提供大量现成的工具和策略，帮助教师将好的想法立即付诸实践。

为了回答"人们会喜欢这个设计吗?"这个问题,我们在工作坊、培训机构和学校专业发展工作中不断地测试和完善本书中提出的理念和教学工具。我们可以很自豪地说,来自教育工作者的反馈都是非常积极和热情洋溢的。

还有最后一个问题,也是所有问题中最主观的一个:"这个设计漂亮吗?"关于美的理解,一种方式是把它看作既简单又深刻的东西,就像日语俳句诗歌一样——容易理解,但表意深远。本书有丰富多样、简单实用的工具,能够促进教学课堂和学校教育发生变化,我们真心地希望本书不仅能达到形式和深度上所要求的美,最重要的是,我们希望本书能启发激励你——一位教学设计者——在你所传授的知识、使用的方法,以及对学生未来的影响上,能看到更美好的东西。

目录 CONTENTS

导论 ·· 1

◎ 第 1 章 围绕大概念建构学习 ············ 5

聚焦大概念 ································ 6
基于概念的课程设计 ······················ 8
一项关于……的研究 ······················ 8
概念词汇墙 ······························· 11
基本问题 ································· 11
总结 ······································ 14

◎ 第 2 章 概念化 ······························ 15

是什么与为什么 ·························· 16
如何做 ···································· 17
概念获得 ································· 18
概念定义地图 ···························· 20
一项关于……的研究 ···················· 22
整合事实 ································· 23
联系概念 ································· 26
总结 ······································ 29

◎ 第3章 做笔记和做总结 ………… 31

　　是什么与为什么 ………………… 32
　　如何做 …………………………… 34
　　窗口式笔记 ……………………… 35
　　数学笔记 ………………………… 37
　　交互式笔记 ……………………… 38
　　思维网图 ………………………… 40
　　4-2-1 总结模式 ………………… 43
　　AWESOME 总结模式 …………… 45
　　总结 ……………………………… 46

◎ 第4章 比较 ……………………… 47

　　是什么与为什么 ………………… 48
　　如何做 …………………………… 49
　　先描述，再比较 ………………… 51
　　有意义且易于管理的标准 ……… 53
　　高帽组织图和比较矩阵图 ……… 54
　　你能得出什么结论 ……………… 56
　　比较和结论矩阵图 ……………… 57
　　社交圈 …………………………… 58
　　总结 ……………………………… 61

◎ 第5章 阅读理解 ………………… 63

　　是什么与为什么 ………………… 64
　　如何做 …………………………… 65
　　加强预览 ………………………… 65
　　寻宝游戏 ………………………… 67

单句总结 …………………………………… 69
阅读立场 …………………………………… 70
意义阅读 …………………………………… 73
总结 ………………………………………… 75

◎ 第6章 预测和假设 …………………… 77

是什么与为什么 …………………………… 78
如何做 ……………………………………… 81
基于预测和假设的引子 …………………… 82
归纳学习 …………………………………… 85
谜题活动 …………………………………… 88
"如果……那么……"策略 ……………… 89
总结 ………………………………………… 91

◎ 第7章 可视化和图示表征 …………… 93

是什么与为什么 …………………………… 94
如何做 ……………………………………… 95
展示与阐述并行 …………………………… 96
屏幕分区 …………………………………… 97
心灵之窗 …………………………………… 99
词汇可视化 ………………………………… 101
图形组织者 ………………………………… 103
总结 ………………………………………… 109

◎ 第8章 集思广益和移情理解 ………… 111

是什么与为什么 …………………………… 112
如何做 ……………………………………… 114

问题提示 …………………………… 117
　　把自己摆进去 ……………………… 118
　　观点图 ……………………………… 119
　　观点交锋和模拟审判 ……………… 121
　　一天的生活 ………………………… 122
　　总结 ………………………………… 124

◎ 第9章　融会贯通 …………………… 125
　　培养学生独立运用思维技能和
　　　工具的能力 ……………………… 126
　　建立教学单元 ……………………… 127
　　规划全年课程 ……………………… 131
　　什么是图谱矩阵，为什么要使用 …… 132
　　教师如何使用图谱矩阵 …………… 133
　　总结：现在请你一试身手 ………… 136

参考文献 ………………………………… 138

索引 ……………………………………… 143

作者简介 ………………………………… 158

译后记 …………………………………… 160

导　论 ●●●

　　你能回忆起在高中或大学里，你"学到"的知识吗？比如：细胞的有丝分裂与减数分裂、高等数学中的对数、历史课中的黑斯廷斯战役？这些知识能让你顺利地通过各种考试，但是很快就会被忘记。这是因为这些知识对你来说也许并不重要，或者你当时只是死记硬背的。认知心理学家将这种学习描述为一种惰性的知识学习——这种知识的获得是表面上的，并没有真正被理解，因此很快会被遗忘（National Research Council，2000）。现在，将这些例子与你通过体验而真正理解的东西进行对比，学习的过程和理解的过程有什么不同？当有了这样的理解，你可以做些什么呢？

　　我们很熟悉这些差别，这些差别强调了本书的主要目标：促进学生深度和持久的学习，增强其对信息的记忆，引导概念上的理解，并使学生的学习产生新的变化。

　　但是"深度学习"是什么呢？我们认为深度学习的结果是对重要思想和过程的持久理解，而且学习者必须自己"获得"理解。换句话说，教师简单地教学不一定能够使学生自己真正获得理解。虽然教师可以针对事实和过程向学生直接进行教学，但如果要让学生去理解关于某些概念的重要思想和抽象过程，就必须要求学生自己能在头脑中进行建构。学生需要通过高阶思维技能对内容进行积极的心理操作来获得理解。学生对意义理解的主动行为称为"意义建构"。

当深度学习和意义理解成为教学的目标时，教师的角色就从最初的信息发布者或技能的示范者（讲台圣贤）延伸到意义建构的促进者（从旁指导）。更具体地说，教师通过帮助学生运用思维技能处理课堂内容，使学生参与积极的意义建构，从而促进对课堂内容的理解。

在本书中，我们重点介绍了以下七种思维技能①。

1. 概念化
2. 做笔记和做总结
3. 比较
4. 阅读理解
5. 预测和假设
6. 可视化和图示表征
7. 集思广益和移情理解

使用这七种思维技能能够帮助学生深刻持久地学习，更好地获取、储存和检索信息，能促进学生的意义建构，从而使学生获得对"大概念"的深度理解，以及培养学生在校内和校外真实情境中遇到新情况时都能够应用知识、将知识进行转化的能力。

为什么是这些技能

显然，有很多思维技能可以增强意义的建构和理解。那么为什么我们要特别选择这七种思维技能呢？我们把这些技能作为本书的重点，原因有以下几点。

这些技能是构成优质思维的关键要素。具有优质思维能力的人在学校、

---

① 根据七种思维技能的特点，行文表述中有的称作"工具"或"策略"。——译者注

工作和生活中都会运用这些技能。当前的学术标准和标准化考试的要求中都对这些思维技能有所体现。更重要的是，这些基本技能是更复杂的推理形式（如论证、探究和设计）的基础。

能够发现在学校表现优秀的学生的某些共性。通过在学校多年的研究和工作，我们发现正是因为能够运用这些技能，有的学生能够成功地完成对复杂内容和抽象文本的认知，而那些在困境和挑战中挣扎的学生往往缺乏这些思维技能。

这些技能经常会被忽视。虽然这些技能对学生的学业成功是如此重要，但我们的课堂上很少直接教授这些技能，这一点令人震惊。事实上，这些技能的确有时很难被发现，我们可以称之为"学业成功的隐藏技能"。但是如果我们认为自己有责任让学生迎接抽象概念和文本的挑战，那么我们就必须帮助他们更好地应对挑战。这七种技能的教学和强化过程是这种"反应能力"的有效培养过程，也是为大学和职业做好准备的过程。

这些技能为所有教师提供了一种易于管理的方式来提高学生的学业成绩和成功潜能。我们有意选择这些能够超越学科内容领域和年级水平的技能。无论哪个年级或哪门专业，教师都可以相对轻松地教授、评估这些技能。另外，这七种技能是可以掌握的——我们从经验中知道易管理性对成功的课堂实施有多么重要。

总之，我们选择关注的这七种思维技能和相应工具对学生有双重好处：（1）作为技能，它们能够支持学生主动建构意义，从而加深对核心内容的理解；（2）作为目的，它们提供了内在的、有价值的、可迁移的技能和工具，学生可以在学校学习和生活中使用。因此，这些技能与工具对学生和教师一样重要。

本书是如何组织的

出版本书的首要目的是让读者了解七种重要的思维技能及一些实用的工具，以激发学生积极参与意义建构和深度学习。同时，我们认为如果没有讨论什么样的文本值得意义创造、怎样将各具特色的技能和工具融入课堂和单元设计、如何使学生具备独立使用这些技能和工具的能力这些问题，本书是不完整的。正因为如此，我们在本书中围绕这些问题展开了阐述。让我们看看这些具体的内容是如何组织的。

第1章讨论了什么是值得学生理解和建构的知识。本章强调建立以概念为基础的课程是十分重要的，教师应确保教与学的内容聚焦在重要的、可迁移的概念上，并列出了一些实用的教学工具和策略。

第2—8章深入探讨了七种促进意义建构的思维技能。在每一章的"如何做"部分，呈现了实用的、经过验证的工具和策略，并针对学生课堂上需要掌握的技能，提供了说明性的例子，以帮助教师更有效地使用这些工具和策略。

第9章提供了具体的操作办法，帮助教师将书中的策略运用到日常的教育教学活动中。本章同时还提供一个可以借鉴并在研究中验证过的教学案例，指导学生独立地使用这些技能和工具，使学生积极参与意义理解。这个案例还展示了如何使用课程图谱矩阵（Mapping Matrix）列出一学年中的单元教学计划，确保教师聚焦于这些重要的方法和系统地运用思维的能力，并帮助学生理解如何运用这些方法。

工具使一切成为可能

正如人类在历史上会运用各种工具，如车轮、星盘、机械犁和电脑，使工作变得更容易和更有效一样，作为一名教育工作者，你可以使用本书介绍的工具来提升工作效率。这些工具不是那种复杂又难以实施的，而是简单且易操作的，不仅可以用来促进学生的深度学习和主动学习，而且还能使抽象概念以及头脑内部的思考过程变得可视化。这些工具将遵循合理的教学原则，使得你和学生都能够享受课堂。

第 1 章

围绕大概念
建构学习

导论中讨论了学生积极参与意义建构的重要性。在第 2 章至第 8 章中，我们将探讨帮助学生理解教学内容的思维技能和工具。那么首先，我们应该教些什么呢？有什么需要学生去理解并进行意义建构的呢？教师如何设计课程，以促进学生的深度学习和知识迁移呢？

为了解决这些问题，我们需要考虑一些影响现代教育的因素。当今世界的一个基本特征是我们的集体知识库一直在持续地快速扩大，知识数量翻倍的速度是以月计量，而不是以年计量的。不容否认，知识的扩展速度比我们所能吸收的速度要快。但是，随之而来的现实还有，普通人现在都可以通过智能手机来获取大部分知识，这意味着现代教学不再需要学生记住更多相关的信息。

因此，教育发展的趋势必须与当今世界变化的快速性和不可预测性紧密结合。从技术进步（如自动化和人工智能的高速发展与应用）到政治和经济转型、全球移民模式的转变，以及气候变化，一切都在变化。对一个教师来说，我们也不再需要去教学生适应一个稳定且可预知的世界。

聚焦大概念

显然，我们的世界正在发生巨大的变化——因此，我们教学的重点需要随之调整。一些顶尖的课程设计专家（Erickson，2007，2008；Wiggins & McTighe，2005，2011，2012）认识到教学发展的这些趋势，建议优先推出一种现代课程，围绕着数量较少、含义较广且可迁移的概念（ideas）展开。推荐这种课程出于以下四个原因。

1. 有太多的信息，但学校教育无法涵盖所有的内容。知识爆炸、知识数量激增意味着学生能直接学习的知识内容非常有限，比如在历史学科和 STEM 学科（STEM, Science, Technology, Engineering, Mathematics, 即科学、技术、工程和数学）。这就要求我们必须识别对于学生建立理解来说至关重要的"大概念"，并相应地让我们的教学也聚焦在"大概念"上。

2. 试图涵盖太多的内容，会导致粗浅低效的学习。相比之下，如果我们聚焦更少量的大概念和可以迁移的技能时，就会有更多的时间留给学生去积极参与建构这些"大概念"的意义。此外，我们还可以拓展"表现性任务"（performance tasks）的应用范围，让学生以真实和有意义的方式将其应用到学习中，从而产生更深层次的学习和获得可迁移性的技能。

3. 对大概念的强调反映出我们知晓知识应该怎样有效地组织。关于专家知识与新手知识组织形式的研究表明，专家知识并不是相关领域的一连串事实和图表；专家知识是围绕核心概念或大概念组织建构，并在自己的学术领域引发思考的知识（National Research Council, 2000, P. 36）。

4. 现代世界的快速变化和不可预测性要求学习者能够进行学习迁移。死记硬背事实型信息并不能使学习者将其有效地应用于新的情境中。因为知识的迁移需要理解更广泛的概念和进行更大范围的归纳，所以旨在知识迁移的教学需要聚焦大概念。

请注意，我们建议强调大概念和可迁移的过程，但并没有贬低传授基本技能或基础知识的重要性。我们只是提出把基本事实和基础技能作为达到更高目标的一种手段——换句话说，就是将其作为理解更广泛概念的原材料，进而使学生能够掌握这些知识。值得注意的是，美国最新一代的标准——包括《州立共同核心标准》（Common Core State Standards）、《新一代科学教育标准》（Next Generation Science Standards）和《学院、职业和公民生活（C3）社会研究框架》[College, Career, and Civic Life (C3) Framework for Social Studies]——都同时强调教学是为了对大概念的深度理解，而不是浮光掠影地覆盖大量信息。

基于概念的课程设计

课程内容数量庞大和相应的"泛而不精"问题使课程实施团队和教师个体必须优先考虑哪些是最重要的课程学习结果，以及如何把握好可用的教学时间。如果将课程的重点聚焦于概念上重要并可迁移的知识上，教师就可以深入培养和拓展学生的认知能力，而不是简单地试图将大量的却并不相关的事实灌输给学生。

在本章中，我们描述了三种方法，教师可以围绕重要的概念使用这些方法来制订课程和教学计划。

1. "一项关于……的研究"可以鼓励教师规划单元教学，把重点放在需要理解的重要概念上，而不仅仅是主题、技能或课文上。

2. 概念词汇墙能够提示教师识别核心概念，以帮助学生培养对知识的深度理解。概念词汇墙还能够使这些概念在课堂上变得可视化。

3. 基本问题向教师展示了如何围绕开放式、启发式的问题建构知识，这些问题往往能够帮助学生进行意义建构和揭示"大概念"。

一项关于……的研究

为了确保教学单元专注一个概念性焦点，而不仅仅局限于相关的主题、基本的技能或活动，"一项关于……的研究"（a study in）是一个简单而有效的方法：研究一个更宽泛的、可迁移的概念或主题（Silver & Perini，2010）。选择一个合适的概念或主题（相关概念和主题举例，请参见图1.1），将其建构到教学单元的标题中，并使用所选的概念将教学重点放在整个单元的教学过程中。以下是按照这样的方式设计的教学单元样例。

☆ 议论文写作：一项关于**技巧**的研究

☆ 印象主义：一项关于**革命**的研究

☆ 一年四季：一项关于**变化**的研究

☆ 五角大楼文件：一项关于**欺骗性**的研究

☆ 希区柯克①的四部电影：一项关于**痴迷**的研究

☆ 举重训练：一项关于**适用技术**的研究

☆ 整数：一项关于**规则与关系**的研究

☆ 西班牙语中正式与非正式称呼的对比：一项关于**尊重**的研究

当决定为即将教学的单元选择相应的概念时，请记住并没有所谓的"正确"概念；这个选择应该支持课程标准，并反映出要强调的所有大概念或信息。例如，英语语言艺术组的教师可以将议论文写作的教学单元设计为一项关于观点的研究、一项关于平衡的研究或一项关于说服的研究——但最终他们选择了"一项关于技巧的研究"这个主题。这是因为教师希望在单元教学中强调这样一个概念：写作议论文要有明确的论点，同时在写作时也要注意写作技巧。一位艺术历史教师同样可以考虑用不同的方法来建构关于印象派主题的单元教学，并在最后选择了"印象主义：一项关于革命的研究"，因为他认为革命这个概念最能表达出他希望学生理解和记住的中心概念。印象派画家"推翻"了既定的绘画模式，取而代之的是一个完全不同的风格和主题。

请注意，围绕更宽泛概念和主题来建构学习框架的想法不应局限于教师。在下一章中，我们将向您展示如何使用这个工具让学生参与到概念和主题的建构中，他们能够把在课堂上学到的事实信息进行有机的结合。

---

① 阿尔弗雷德·希区柯克（Alfred Hitchcock），一位闻名世界的电影导演，尤其擅长拍摄惊悚悬疑片。——译者注

丰富/稀缺	设计	心情
接受/拒绝	发现	运动
适应	多样性	需要和想要
制衡	环境	秩序
关怀	平等/不平等	组织
原因和结果	均衡	部分和整体
挑战	等价	爱国主义
改变/连续性	道德	模式
品格	进化	毅力
交流	剥削	观点
社区	探索	偏见
竞争	公平	生产/消费
构成	自主	关系
冲突	友谊	更新
融合	和谐	重复
合作	荣誉	表现
相互关联	相互作用	革命
勇气	相互依赖	节奏
工艺	解释	结构与功能
创造力	发明	供给与需求
文化	正义	生存
循环	自由	共生
防御/保护	忠诚	系统
民主	成熟	专制

图 1.1　可迁移概念和主题的示例

概念词汇墙

创建一个概念词汇墙（Concept Word Wall）是另一个让课堂教学围绕大概念开展的简单办法。为了做到这一点，需要确定所学单元的大概念、主题或步骤，并将选出的词张贴在墙上或公告牌上。选出的词可以是特定于这个单元的词，也可以是与整个学科相关的词，或者是跨学科的更大概念的词。理想情况下，词汇墙应该包含这三种类型的词。例如，有关食物网络的概念词汇墙可能会包括这个单元特有的概念词汇（例如，生产者和消费者）、更为广泛的科学概念词汇（例如，生态系统和能源）、更加宏观的概念词汇（例如，更新和循环）。

将与"核心概念"（core concepts）相关的词汇贴在一个容易看到的位置，可以帮助教师在教学时清楚地把握，同时也使学生可以更好地注意到那些大概念，并予以关注和深入理解。一旦核心概念呈现后，教师就应该经常提及、应用它们，并鼓励学生也这样做。向学生展示墙壁上的词汇是如何起到"概念魔术贴"的作用，把单元里的事实和细节结合在一起。教师要时刻参考（并让学生经常参考）这面词汇墙，将特定的细节或例子与更大的概念联系起来，还可引导学生通过添加定义的方式来辨识概念之间的联系。教师可以用这种方法培养学生将特有概念和单元主题作为一个整体来进行理解的能力。

基本问题

围绕大概念建构课程的第三种方法是使用基本问题（Essential Questions：EQs）。基本问题是开放式问题，能够反映教师希望学生理解的关于大概念的问题。基本问题的设计应该能够引发思考、激发讨论和辩论，以及为更深层次的探究提出其他的问题，而不是为了得到单一或最终"正确"的答案。因此，威金斯认为现代教育的主要目标之一是"激活思维而不是'储存'思维或'培训'思维"（Wiggins，1989，P. 46）。

以下为不同内容领域的基本问题示例（McTighe，2016）。注意如何围绕着这些能够激发学生探索核心概念的问题组织课程——确保教与学始终聚焦核心概念，而不是孤立的事实和细节。

> ☆ 舞蹈：运动能以什么方式唤起情感？
> ☆ 地理：我们居住的位置如何影响我们的生活方式？
> ☆ 政府：我们应如何平衡个人权利和公共利益？
> ☆ 健康/营养：我们应该吃什么？
> ☆ 历史：这是谁的故事？
> ☆ 器乐：如果熟能生巧，那么什么造就"完美的"练习？
> ☆ 文学：小说能在多大程度上揭示事实？
> ☆ 数学：什么时候"正确"的答案不是最好的解决方案？
> ☆ 阅读/语言艺术：你如何读懂言外之意？
> ☆ 科学：科学和常识是如何联系在一起的？
> ☆ 视觉和表演艺术：艺术以及形象如何反映文化？
> ☆ 写作：高产的作者如何吸引并留住读者？

因为基本问题与大概念（抽象的、可迁移的概念和过程）相关，所以，其肯定是随着时间推移而逐渐被弄懂的。当学生思考问题、讨论不同的"答案"并重新思考自己最初的回答时，就能够建构意义并加深对相关内容的理解。随着时间的推移，学生的理解越来越深入，对问题的反应也会更精确、更合理。

提出基本问题的策略有很多，其中最简单的一种是：确认一个希望学生去理解的大概念并提出一个或多个相关的基本问题，如表1.1所示。

表1.1　理解的例子和可能的基本问题

要理解的大概念	可能的基本问题
真正的友谊体现在困难的时候，而不是在快乐的时候。	谁是"真正的朋友"？你怎么知道？
通过全身运动收缩的肌肉能产生更大的力量；随时跟进提高力量精准度。	你怎么才能击打出更大的力量而不让身体失控呢？
统计分析可以揭示数据的类型，使我们能够在一定信度上做出预测。	你能预测将来会发生什么事吗？
不同文化和不同时代的伟大文学作品探索着永恒的主题，揭示出人们境遇中反复出现的内容。	其他地方和不同时代的故事对现今的我们有何启示？
人类同时处理语言和非语言信息；当语言和非语言信息一致时，交流能变得更有效。	是什么造就了一个伟大的演说家？一个伟大的演讲如何传递"言外之意"呢？

当我们开始将基本问题纳入教师的技能清单时，可以先记住麦克泰和威金斯在2013年出版的《让教师学会提问——以基本问题打开学生的理解之门》（*Essential Questions：Opening Doors to Student Understanding*）中提出的几点建议。

1. 每个单元使用2到4个基本问题来组织教学内容，使学生能够聚焦若干大概念。

2. 在教室墙面张贴这些基本问题，以不断提示这些问题的重要性，并鼓励学生重新思考这些问题。

3. 用适合学生年龄的语言来组织基本问题，使问题尽可能地容易理解、更具有相关性和富有吸引力，以适应学生的不同理解水平和不同的先前经验。

4. 提出后续问题来支持和推动学生思考——例如，这是因为什么呢？你的支持依据是什么？谁有不同的想法？你会对那些持不同意见的人说些什么？

最后，需要注意：提出基本问题的做法不仅仅局限于教师。因为现代教育的目的是让学生参与到意义建构中，培养自主的学习者，所以应该鼓励学生提出自己的问题，并通过积极的探究来寻求答案。

总　结

本章阐述了现代课程应该围绕我们希望学生学习和理解的重要概念来实施，但围绕大概念设计教学只是个开始。如果我们的目标是让当今的学生做好准备，迎接他们在课堂内外将要面对的各种挑战，我们就不仅需要思考什么是值得教的，还需要思考如何帮助学生理解他们获得的信息，并将所学到的东西应用到新的情境中去。帮助学生培养必要的思维技能和意义建构技能的一种有效的方法：将这些技能融入教师的日常教学设计。第 2 章到第 8 章中的工具和策略以及第 9 章中的教学设计过程，将进一步阐释相关内容。

第 2 章

概念化

是什么与为什么

在第1章，我们鼓励教师要有"大局观"——在教学内容中确定大概念和概念性的理解，并围绕这些概念和理解搭建教学框架。本章的目标是帮助学生树立大局观。当我们谈到教育学生要有大局观时，我们不仅仅是让学生意识到这些大概念和深层理解能有机地与课堂上获得的事实知识相结合；而且我们应帮助学生自主地积累事实知识来获得更广泛的理解。运用事实、举例、观察和经验来获得对重要概念和对概念性关系的理解，这种技能就是我们所说的**概念化**（conceptualizing）。

围绕核心概念组织教学和帮助学生自己建构意义有双重好处。首先，概念化思考能促使主动的意义建构并引导深度学习；能通过让学生把原本看似随机的知识整合到更大的概念伞下，帮助学生理解和记住课堂上所学的更多知识。其次，教师不必总是在那里判断和强调什么对学生来说是重要的。在高等教育阶段和现实世界中，学习者必须自己去获取重要的理解（始终思考"这里的大概念是什么？"），并独立地将这些理解迁移到新的情境中。因此，教师应该培养学生的概念化技能，使他们具备这样的能力。例如，一个学生在生物课上思考**为什么生物需要水才能生存**的问题，这样的思考可以应用在多个领域——比如，从思考干旱（生态/社会研究）和水污染（生态/农业/社会研究）的影响到人类定居和迁移的模式（历史/地理），再到从历史视角思考保护水资源的重要性（历史/地理/政治）。

如何做

从观察和举例中可以归纳出概念化的过程，这个过程如同人类呼吸一样自然而然，这就是我们的思维运作的过程。即使是很小的孩子也会自然地寻找模式，形成概念，进行归纳，以帮助自己理解周围的世界。想象一下这样的情境，一个蹒跚学步的孩子是如何通过寻找父母指出的红色事物之间的共性来理解红色这个概念的，稍微大一点的孩子是如何从生日、蛋糕、蜡烛和礼物这样的举例中推断出其间的关系的。

尽管学生天生具有归纳概念的能力，但当教师试图在课堂上实施基于概念的教学方法时，他们还是经常会感到困难。这是因为从例子中形成概念的过程，和将概念相互联系进而做出概括的过程是抽象的，而且往往是无意识的，这个过程中学生并不知道根据要求应该如何进行操作。学校没有经常要求学生进行这种归纳性思考，这一事实使问题更加复杂；在传统的教学模式中，教师通常会"**揭示**"（cover）概念化的定义和理解，而不是要求学生自己去"**发现**"（uncover）。

如果通过建构促进概念化思考的课程，或搭建出辅助的教学方法使学生认为相关思考步骤更详细和更易操作，也许就能应对上述的挑战。下面设计了五种教学工具，可以帮助教师实现这些目标。

1. 概念获得。通过比较正例和反例来识别关键属性，让学生挑战定义核心概念。

2. 概念定义地图。使用一个视觉的组织图来帮助学生建构和表达概念。

3. 一项关于……的研究。让学生在概念层面上处理事实信息，将话题或文章中的事实整合在一个大的概念框架下。

4. 整合事实。向学生展示他们如何把相关的事实和细节整合在一起，从而得到更广泛的理解和概括。

5. 联系概念。教学生如何将核心概念联系在一起，形成由事实和例子支持的概括。

概念获得

围绕核心概念组织教学，能够帮助学生深入理解这些概念，其价值意义是显而易见的。但是有时**如何**帮助学生发展这种理解能力却并没有那么明确。教师的自然本能——"教概念性知识，比如一些专有词汇，提供书本上的一些定义，然后考查学生对这些定义的理解"（Stern，Ferraro，& Mohnkern，2017，P. 53）——这样做很明显不能起到什么作用，因为理解一个概念远比仅仅知道一个简单浅显的定义要难得多。

概念获得（Concept Attainment），这个词是杰罗姆·布鲁纳（Jerome Bruner，1973）提出的，指的是鼓励教师使用一种不同的方法——归纳法，来帮助学生深入理解重要概念。教师不要为学生定义概念，而要让学生挑战自己，通过比较正例和反例来确定关键属性，进而自己去定义概念。对学生来说，从例子中提炼属性的过程会很有趣，因为它类似于"扮演侦探"；也很有效，因为它模仿了我们自然理解和定义新概念的过程。

以下是在科学课堂上运用例子获得概念的关键步骤分析。

1. 确定一个你想让学生深入理解的概念。这个概念应该至少有一个明确的关键属性。教师可以在课程开始时说出这个概念的名称，也可以等到课程结束时再揭晓这个概念。

例如：科学教师运用概念获得的方法来培养学生对概念"捕食者"的理解。教师并没有直接告诉学生目标概念是"捕食者"，而是让他们去判别一个"神秘概念"的属性。

2. 设计关于概念的"是"与"否"例子。这些"是"的例子（正例）应该包括概念的所有关键属性——应该被设计成能够帮助学生发现共同属性的例子。"否"的例子（反例）可以包含一些或不包含任何关键属性。

例如：为了帮助学生掌握"捕食者"这个概念，教师设计了各种各样的"是"的例子，如猎豹、老虎、虎鲸和老鹰。"否"的例子包括树懒、树袋熊、牛和雷龙。

3. 展示例子，让学生找出"是"的例子中有什么共同点，以及它们与"否"的例子有什么不同。要求学生用自己的比较分析初步列出概念的关键属性。

例如：学生注意到"是"的例子都是行动迅速的肉食动物，而"否"的例子是行动缓慢的素食动物，就会把"速度快"和"肉食动物"归纳到对应的属性列表中去。

4. 提供一些额外的关于"是"与"否"的例子。让学生运用这些例子来检验和重新定义关于概念的关键属性列表。

例如：教师在"是"的例子里补充上"螳螂"和"捕蝇草"，在"否"的例子里加上了"兔子"和"秃鹫"。螳螂是一个支持"肉食"属性的例子，但学生认为螳螂不具有"速度快"这个属性。"否"的例子中加上的这个新的例子"秃鹫"能使学生进一步完善对概念的理解，并在属性列表中加上"杀死猎物，并吃掉猎物，而不是吃掉已经死去的动物"这一条。

5. 帮助学生回顾所有的例子，并准确形成该概念的关键属性最终列表。让学生用自己的话来解释这个概念，可运用课堂上的例子和属性来帮助他们。

例如：在回顾了所有的例子并帮助学生调整了想法之后，教师可以向学生揭示他们一直努力理解的概念是捕食者。随后，学生将捕食者定义为"一种能够杀死并吃掉其他动物的有机体"。

6. 布置一个任务，让学生应用和检测他们对概念的理解。

例如：学生拿到一份新的清单，上面列有各种不同的动物，要求学生判断哪些是捕食者。

概念获得是一个多功能的工具，可以帮助学生掌握各种各样的概念——从小学课堂上的**民间故事**到平面设计课上的**对比**，再到化学中的**疏水性**。概念获得也是一个灵活的工具，因为"是"与"否"的例子可以采用任何形式——图片、文本、对象等。例如，一名小学教师使用了多组"是"和

"否"的图片让学生理解**对称**这个概念。如图 2.1 所示。

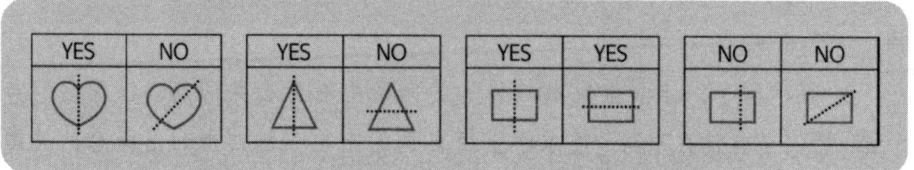

图 2.1 "对称"概念获得示例（Silver et al.，2018，P. 199）

一位英语语言艺术教师使用了一个类似于表 2.1 的"是"与"否"列表帮助学生探索**拟人化**的概念。

表 2.1 拟人化"是"与"否"概念获得表

是（符合概念的例子）	否（不符合概念的例子）
金钱能开口说话。	钱有各种不同的面额。
这座城市慢慢地从沉睡中醒来，穿上了白昼的衣服。	这个城市的人口在过去 20 年里几乎翻了一番。
主人死后，狗在孤独中哭泣。	原主人死后，这只狗有了一个新主人。
电线杆已经伸出手臂很长时间了，他们一定累了。	电线杆是这片原始风景上的一个污点。
风呻吟着，仿佛正在经受痛苦。	他的出现就像夏天的凉风一样受人欢迎。

为了节省时间，教师应该寻找现有的、可以作为"是"和"否"例子的文本和材料，而不用重新创造。例如，一名历史教师可以使用网上找到的文档作为概念获得中的"是"和"否"例子，并帮助学生区别第一手资料和第二手资料的概念。

概念定义地图

学生对已知概念和对自己建构概念的理解程度是不一样的。不幸的是，许多学生并不知道如何进行详细彻底的概念定义。概念定义地图（Concept Definition Map，改编自 Schwartz & Raphael，1985）可以解决这个问题，可以用一个类似于图 2.2 的可视化图形组织者（graphic organizers）帮助学生理解和收集能够精确定义一个概念的各种信息（例如，概念所属的更大范畴、概念的例子、概念的关键属性——特别是那些将概念与同一范畴的其他概念区分开来的属性）。完成类似的图表能让学生用他们富有个人想法的语言来比较全面地定义概念。如图 2.2 **勇气**的定义所示。

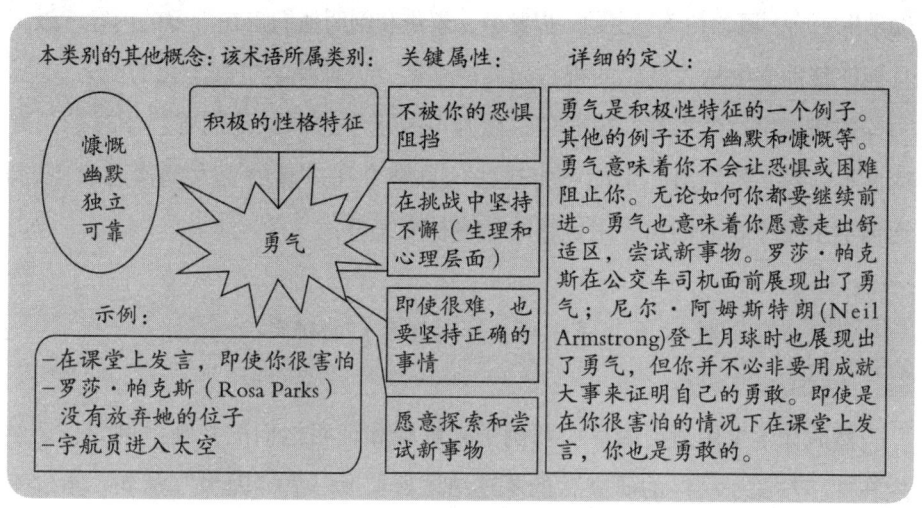

图 2.2　勇气的概念定义地图（Silver et al.，2015，P.117）

概念定义地图可以帮助学生加深对诸如勇气、战争、英雄或友谊等熟悉概念的理解，也可以完善学生对学科中具体的新概念的理解——例如，哺乳动物、寓言、浪漫主义、平行四边形或议论文写作。但是在这两种情况下，仅仅建构出一个关于新概念的初始定义，并不能成为定义概念的终点。教师应该鼓励学生：根据他们遇到的新例子和新信息，不断地修改和精炼概念的定义，并用他们获得的定义去引导和评估未来的学习。（例如，我们正在学习的这位新人身上是否表现出勇气的特征？我们正在学习的这个争端冲突实际上是一场战争吗？）学生也应该学会独立使用工具——即使不列出一个真的图表，至少也应该具有运用概念定义地图的想法。教师应观察学生是否能够利用构成概念定义地图的所有元素建构出一个定义，培养学生逐渐具备对一个新学概念的理解能力，或检验学生对一个新学概念的理解能力。

一项关于……的研究

在第1章中，我们将"一项关于……的研究"描述为教师可以围绕着更大、更宽泛的概念，而不是简单的话题，来组织教学内容。这一方法同样可以用来帮助学生明确大概念和学习主题，以整合、聚焦和阐明他们正在学习的内容。该工具能够帮助学生从大概念的视角来看待事实，以训练学生概念化的能力。

如何运用这个工具？很简单，教师可要求学生回顾他们曾经学过的话题或文本内容，辨识出一个能够将这些信息整合在一起的更大的概念或主题。邀请学生思考以下例句，用自己的理解补充完整：

我认为（主题/文本）是一项关于（概念）的研究。

然后让学生用适当的事实和例子来解释和证明他们的判断。例如，请学生在"一项关于……的研究"的陈述结尾处加上一个"因为"从句，事实上这是一个很简单的方法，用这个方法可以确保学生时刻记住，要运用证据来支持这些陈述。以下是一些例子：

> ☆ 我认为**水循环**研究是一项关于**可更新**的研究，因为……
> ☆ 我认为《**哈姆雷特**》研究是一项关于**优柔寡断**的研究，因为……
> ☆ 我认为**社区**研究是一项关于**合作**的研究，因为……
> ☆ 我认为**解方程**就是一项关于**平衡**的研究，因为……
> ☆ 我认为**循环系统**是一项关于**交通运输**的研究，因为……

鼓励学生选择更宽泛、更普遍的概念，强调更大的意义或更多的信息，因为这些将激发更深层次的思考和学习，而不仅仅是狭隘的或纯文本的学习。想想看，如果学生把泰坦尼克号沉船事件定性为一项关于傲慢自大的研究，而不仅仅是关于冰山的研究，他们能从这一课中学到多少更有意义的东西啊！因为用更大的概念来建构内容是很有挑战性的，因此教师可以让学生从熟悉的话题或文本开始进行练习，比如，暑假可以开展一项关于机遇的研究，而青蛙和蟾蜍在一起可以被定义为一项关于友谊的研究。

如果学生开始学习现实中的内容，教师就可以试着让他们从诸多概念中进行选择，而不是让他们从头生成概念（图1.1可以用来参考）。例如，在有关美国民权运动的单元学习结束时，教师可以给学生提供下列概念进行选择："你认为民权运动是一项关于坚持不懈的研究，还是一项关于变革的研究，或者是一项关于冲突的研究，抑或是一项关于其他什么概念的研究？"这样做除了激发学生的思考，让学生学会从多种概念中进行选择外，事实上也强化了这样一种观点：即在一个单元中去建构相关信息并不存在唯一的正确方式——任何选择都是可行的，只要这个选择是能够被论证支持的。

教师应鼓励学生从更大的概念角度来思考课堂上的知识内容，要求学生以深入和个性化的方式处理和组织新学的内容材料，这样能够有效地促进理解和记忆。当然还是要鼓励学生去获取更大的意义和更多的信息，而不是仅仅记忆事实，这个方法有利于建立知识之间的关联和促进知识的迁移。换句话说，不仅要让学生记住事实，还要培养学生超越事实进行思考的能力。例如，将民权运动定性为一项关于坚持不懈的研究，肯定会帮助学生记住关键人物和事件。同时，也可以帮助学生认识到，坚持不懈的毅力对任何事情都是有价值的，无论是个人的还是集体的。

整合事实

当教师教学生更加概念化地进行思考时，就是在教学生改变他们对课堂上学到的事实信息进行思考的方式——不要把这些事实信息仅仅看作需要记忆的内容，而是将其作为形成重要理解的原材料。因为于"大处着眼"

的技能——把事实放在一起看更大的概念、更广泛的相关性——对刚开始学习的学生来说是具有挑战性的，这是一种需要实践和辅助才能获得的技能。

整合事实（Adding Up the Facts，McTighe，1996a）是一种能够给学生提供辅助的策略。这种策略需要学生通过精心挑选的事实得出理解。要使用这种策略，首先要确定一项值得开展的研究（"我希望学生理解_____"）。然后生成几句事实性陈述，使学生能够自己达成一定的理解。向学生展示这些陈述，并问他们通过整合这些事实能推断出什么或得出什么结论。

图 2.3 展示了一位社会学教师如何使用该策略帮助学生在以美国西部拓荒为主题的单元学习中，从一系列简单的历史事实中获得更大的概念理解。

- 许多拓荒者，特别是儿童，死于疾病。
- 拓荒者不得不种植或寻找食物。他们经常挨饿。
- 人们需要做很多艰苦的工作来定居在这片新的土地上：开辟土地，建造房屋等。
- 拓荒者会遭遇游牧民族或之前定居在这里的美洲土著部落的攻击。
- ……

拓荒者在开拓西部时，遭遇到许多困难。

图 2.3　整合事实：社会研究

在适当的时候，教师应该帮助学生重新组织语言表达，减少结论的特定环境约束，使其具有更大的迁移价值。例如，在图 2.3 的例子中，我们可以将结论重新表述为**拓荒者面临许多挑战和困难**。这样做就会给我们一个反映更普遍关系的陈述，不再局限于美国向西扩张这个具体的主题，而且在其他情境中也是可以进行验证的（并最终可以迁移）。例如，当学生了解到美国西部扩张以外的地区相关的殖民现象和外来人定居的情况时，他们就可以验证这种概括是否具有普遍性。这样训练学生的概括能力，还可以帮助学生在完全不同的情境或内容领域中去理解新内容——例如，帮助他们预测和理解在科学领域、工业领域或女权运动中先驱者都会面临哪些困难。

值得注意的是，学生整合事实的结论并不总是以陈述句的形式出现，图像、数据表、观察记录和引用也同样有效。而且，这些事实也并不总是需要教师自己来列出。图2.4列出的是小学一年级学生自己得到的一些事实性的陈述，展示了学生通过观察植物生长进行实验记录的过程，他们把这些事实整合起来作为科学课的结论（植物需要在光照下生长）。

我们观察到了什么？
- 柜子里的植物死了。
- 那棵靠近窗户的植物长得很好。
- 我们放在灯下的那株植物长高了。

把这些事实加以整合，我们学到了什么？
- 植物需要在光照下生长。

图2.4　整合事实：科学

如果学生整合事实需要帮助，教师可以给学生一些重要的概念词，这些词可以出现在希望他们能够生成理解的材料中（例如，图2.3中的**拓荒者**和**困难**），并指导学生将这些词整合到需要组织的总结句中。还有一种辅助的策略是使用"倒置工具"——换句话说，就是先给学生一个大概念，要求他们收集支持这个概念的各种事实。图2.5中所示的这个"大T组织图"就是这样的辅助策略。

晚上睡个好觉对身体健康很重要。
- 当我们睡觉时，身体也在进行修复。
- 睡眠赋予我们能量以支持度过每一天。
- 孩子需要充足的睡眠，这样他们的骨骼及肌肉才能生长。
- 梦能帮助大脑整理记忆和思想。

图2.5　大T组织图（Silver et al., 2010, P.32)

联系概念

帮助学生理解课程中的各个概念，这对教会他们组织和运用所学知识大有帮助，同样地，帮助学生理解概念之间的关系也是至关重要的。

联系概念（Connect – the – Concepts，Silver & Boutz，2015；Erickson，Lanning，& French，2017；Stern et al.，2017）即通过让学生联系两个或多个概念以形成对所学内容的概括，进而理解这些概念之间的关系。例如，在以"自然选择"为主题的单元将要结束时，教师可以要求学生用他们所学的知识辨识和描述以下概念之间的关系：**生物有机体、环境、适应和生存**。学生将这些概念联系起来，生成概念之间关系的总结陈述："生物有机体适应环境的程度会影响其在环境中的生存能力。"

概括总结的方法是很有用的方法，因为概括需要将各种事实结合起来，放在更大的概念下进行理解，而这些理解往往可以迁移到新的情境。上面的概括就是一个很好的例子。无论是生物学、人类学，还是文学或历史学中的人物，又或是在商业领域，理解这些概念之间的关系，都具有意义。在生物学的背景下，理解这种关系将使学生能够预测环境的变化如何影响一个有机体的生存——例如，气候变化如何影响北极熊的数量。在生物学之外，理解环境、适应和生存之间的关系将使学生能够分析和解释黑莓手机（BlackBerry）的衰落。黑莓手机公司曾是负有盛名的智能手机公司，然而未能适应iOS和安卓（Android）操作系统的兴起及未能满足其手机用户不断变化的期望，销售量越来越少。

使用联系概念这个工具，可参照以下五个步骤。

1. 提出问题，要求学生在一个主题、一篇课文或一个学习单元中，思考两个或多个概念之间的关系。

例如，在以探索时代为主题的单元背景下，教师可以问学生是否清晰明确技术和探索之间的关系。

2. 提供学习体验和材料（例如，课程、阅读材料、演示、实践活动），说明并允许学生自己发现其中各种关系的本质。

例如，为了帮助学生发现技术和探索之间的关系，教师可以让学生阅读有关大航海时代技术创新的图书。

3. 要求学生挑战一个任务，用一个句子连接起概念，并描述出概念之间是如何关联的。给学生提供一个类似于表2.2中的"连接词"列表，会对任务的完成有所帮助。

例如，"航海技术的进步使探索新领域成为可能"。

4. 让学生用所学的事实或例子来支持或进一步解释自己发现的概念之间的关系。

例如，"许多领域的进步，包括：地图制作、造船和导航技术，使探险者能比以往走得更远。比如……"。

5. 给学生机会——现在或在这一年中——运用新的例子和情境重新审视和测试概念之间的关系。这些概括在更大的范围适用吗？鼓励学生根据所学内容和需要，对自己的概括陈述进行修改。

例如，学生认识到科技的进步促成了历史上多个时期的探索（如在太空竞赛①期间），将帮助他们重新认识到在航海技术和大航海时代发现的彼此关系并不局限于此。这样，学生就会以一个更宽泛的概括来取代原来的关系陈述："技术进步使探索新领域成为可能。"

教师要帮助学生认识到基于有限数量的例子进行概括时，可能存在一定风险，以及认识到自己的观点可能存在一些例外或局限性，这些都很重要。如表2.2可以帮助学生在学习时学会表达自己的想法。这个特别的组织表展示了如何鼓励一个学生运用一本具体的小说作品，把背景、人物和情节这些概念联系起来，并启发学生表达自己的思考。

---

① 20世纪50年代到70年代，美国与苏联为争夺航天实力所进行的较量。——译者注

表 2.2　联系概念组织表（Silver et al., 2015, P.20, P.22）

主题、文本或单元：《傲慢与偏见》
问题：故事的背景、人物或情节之间有什么关系吗？
回答/关系陈述（画出连接词）： 故事背景<u>塑造</u>了角色的思想和影响着其行为或故事的情节。
解释（运用细节来解释或进一步描述这种联系或关系）： 班纳特夫人——特别是她对婚姻的执念，可以作为一个完美的例子来说明一个人物的思想和行为是如何被环境塑造的。在小说设定的时间和地点中，像班纳特夫人的女儿一样的年轻女子，没有独立的财富，需要嫁得好才能让自己活得更好。这就是为什么班纳特夫人总是"想着嫁女儿"，并不断地一步步尝试把女儿嫁出去。
连接词：如果这些词有助于你描述这种联系或关系，那就用上吧！如果没有什么用，可以自己想一些合适的。

引起或导致	帮助或有助于	建立	解释或阐明
激发或触发	揭示或显示	表达	从事或解决
影响或塑造	建议或支持	反应	要求或依赖
改变或渲染	挑战或反对	转换	合作
能够或允许	增长或降低	确定	塑造人物特征
领先或跟随	加强或促进	规范	预示或预测
制造或创造	影响或指导	揭示	代表或象征

要成功地使用这个工具，首先要从一个值得学生理解的概念性关系开始，这尤为重要。理想情况下，这个关系可以在例子和情境中自如转换，教师可以拓展教学材料和利用学生的先前学习经验，使学生自己发现这种关系。就算学生很纠结不会做，也不要告诉他们这些概念是如何联系在一起的（记住，学生是可以理解的！）。这时，教师可以运用引导性问题引导学生朝正确的方向思考。例如，如果想要帮助学生理解探索往往会促成开发利用这个关系，教师可以从能够说明这种关系的文本资料和图像资料开始进行展示。然后，为了引起学生对相关材料的注意，教师可以提出类似这样的问题：在这种情况下当地人是如何被对待的？这里怎么样？在这张图片中，土地上发生

了什么情况？你发现什么规律了吗？

要让学生达到能够自己形成概念理解的阶段，教师还需要做一些工作。教师可以通过引入常见的"连接词"的方法（参见表2.2中的例子），也可以让学生在熟悉的概念之间建立连接，尽量避免选用复杂的概念，以辅助学生提高这种自己联系概念的技能。例如：

教师：你能想出梯子和高处之间的关系吗？

学生：梯子可以让人们到达高处。

如果学生已经开始学习实际的内容，教师可以给出一些填空的陈述题，让学生填入适当的连接词，而不是让他们从头开始编写关系语句。（如，"技术进步让探索新领域成为可能"。）同时，不管学生处于发展学习技能阶段，还是处于仅仅将这个方法作为书写工具的初级阶段，教师都可以提供一份常用连接词的列表，这样会对学生连接关键词和进行进一步理解有所帮助。教师可以根据需要，仿照表2.2制作自定义列表，以满足学生的学习需求，从而帮助学生识别到合适的连接类型。

总　结

新手和专家之间的不同之处有很多，其中之一在于专家能够进行概念性的思考。概念性思考有助于培养学生将看似随机的事实和细节组织在一个更大的概念框架下。虽然概念化的过程是一个自然的过程，但许多学生在运用这种方法时可能会遇到困难。本章介绍的一些很实用的教学工具能够使学生的思维过程更清晰、更可控，从而提高学生的概念化能力。

第 3 章

做笔记和做总结

是什么与为什么

让我们从简单的思维实验开始进入本章的内容,想象自己置身于以下任何一种情境中。

1. 你是一名大一新生,现在是九月,而你正在听你人生中的第一场大学讲座。你可以从教授的演讲中听出她对这门学科的热爱,但你很快意识到,天啊,她一小时内竟然可以讲这么多东西!你开始感到恐慌,因为你无法在有限的时间内完全理解她讲的所有内容。

2. 为了装修房子,你准备和候选的装修承包商一一面谈。今天你要与第一位候选承包商见面。当他开始讲解设计方案时,那些装修建材的价格变化,所有的电气、管道、空气循环控制系统、地板、内部装饰等各个方面的考虑,都使你感到大脑一片混乱,尤其是当你知道其中的一个决定可能会影响许多其他的决定时,你感到不知所措。天知道为什么给自己的房子做决定会变得如此困难?但你还是需要搞清楚这些东西,毕竟这是你的房子,花的是你自己的钱。

3. 你是校董委员会的成员之一。该地区因生源不足,有两所学校面临关闭,需要你就此事提出自己的建议。委员会已经安排了两场公开听证会,以听取来自家长、学生、当地企业代表,以及相关纳税人团体的意见。很显然你需要仔细听取各方的想法和关键问题,以便向董事会提出周到且有根据的建议。

以上三种情况是人们在学校、生活和工作中需要面对的常见挑战，但你并不是无法应对这些挑战。那么，继续我们的思维实验，想象你被剥夺了两种能力：做好笔记的能力和总结信息的能力。现在你认为能够成功完成以上任务的概率又有多大呢？

这些简单的场景有助于说明一点，那就是做笔记和做总结的技能对于意义的建构和对内容的深入理解是必不可少的。[请注意，我们特意使用术语"做笔记"（note making），而不是更常见的"抄笔记"（note taking），是因为好的笔记是由学习者创造或制作出来的，而不是简单地从教师那里或课文中抄来的。]信息没有经过"做笔记"这一过程的加工，可能是杂乱无章且令人茫然的；如果又失去了总结概括的能力，你将很难锁定重点，甚至反而让那些细枝末节成为问题的关键。

显然，在学校和生活中想要取得成功，做笔记和做总结是必不可少的学习技能。这两种技能的目标都是去捕捉、组织和综合那些重要信息，以阐明重要思想和重要细节。一般而言，做笔记着重于捕捉和组织那些通过听、读或观看而接收到的输入性信息；做总结在本质上更侧重汇总信息，通常在接收到特定的信息后才会使用。尽管两者在使用上有细微差别，但这两种技能都要求学生对信息进行积极的处理，从而加深学生对信息的理解。

研究表明，做笔记和做总结的行为对学生在各个年级和各个学科领域的学习都有积极的影响（Beesley & Apthorp，2010），特别是当这两项技能是由教师直接传授的时候（Boyle，2013；Guido & Colwell，1987；Rahmani & Sadeghi，2011）。做笔记和做总结可以支持多学科领域中意义建构的活动，包括记忆和回顾信息，理解性阅读，写作前的思路梳理，计划和决策，考虑任务要求和解决方案，测试以及课后深入理解。此外，做笔记和做总结还可以作为有效的学习评估的参考，因为这不仅能让教师清晰了解到学生对内容的理解程度，也能让学生了解自己对内容的理解程度。

如何做

如果你仔细回顾本章开头提出的三个情境，你会发现每一个情境都呈现了不同的挑战。大学里的讲座代表了"量"或者说是信息超载带来的挑战。家庭装修是对"复杂性"的挑战：由于一个项目内部的各个方面是相互关联的，所以为了理解整体的各个方面，就需要了解每个部分是如何与其他部分相互影响的。第三个情境的公共听证会是一个综合性的挑战，要对可能关闭的学校提出建议。你需要做的不仅仅是收集事实信息，还需要在此基础上仔细考虑各方观点，细致地理解问题，并将分散的信息组合成一个有意义的整体。

接下来，本章将介绍六种实用的、经实践验证过的做笔记和做总结的工具，这些工具可以帮助教师解决一些常见的问题，比如：学生仅仅对信息进行逐字抄写，学生无法抓住信息的重点，或是学生无法巩固和理解信息。经常使用这些工具可以帮助教师创建一种课堂文化，能够让学生在做笔记和做总结时感到愉快和能胜任，在面对大量的信息或非常复杂的信息，又或需要将信息整合成一个有意义的整体时，能有效地进行意义建构。以下是对这六种工具的介绍。

1. 窗口式笔记。窗口式笔记通过鼓励学生在收集事实的同时提出问题、及时反应、产生关联，以帮助教师引导学生真正地制作笔记（而不是单纯地记录）。

2. 数学笔记。数学笔记可以教会学生如何分析、计划和解决复杂的应用题。

3. 交互式笔记。交互式笔记为学生提供一个清晰的过程，能够帮助学生从阅读和学习内容中提取最重要的信息。

4. 思维网图。思维网图是一种笔记格式，能够让学生用一种非线性、可视化的方法来表达意义，并帮助学生了解大概念与内容细节之间的关系。

5. 4-2-1总结模式。4-2-1总结模式采用协作的方式，帮助学生学习如何识别重要信息、建构主要思想，并写出简要的总结。

6. AWESOME 总结模式。AWESOME 总结模式为学生提供基于缩略词的清单，以确保总结清晰、准确，并包含最相关的信息。

窗口式笔记

如果我们询问一个普通学生（或成年人）做笔记的经历，他们可能会说"太无聊了"，或者给出让我们觉得吃惊的回应。但进一步了解之后就会发现，这些回答都是基于一个错误的概念——做笔记等同于复制信息，而且，除了枯燥无聊之外，这种做笔记的方式还无法让学生主动参与信息处理和意义建构。如果大多数课堂都强化了这样的观念，即做笔记就是模仿教师的练习，或者是逐字逐句地记录讲话者所说或课文的内容，那么学生把做笔记与倒垃圾或打扫房间归为一类也就不足为奇了。对不少学生而言，做笔记只不过是一件苦差事。

窗口式笔记（Window Notes，Silver et al.，2018）是一个可以帮助学生改变这种思维定式的工具。窗口式笔记能让学生知道"抄笔记和做笔记实际上有很大的区别"，能够拓展学生对笔记的理解。而且，这个工具的核心是鼓励人们积极思考，展现人类与生俱来的好奇心，并在做笔记的过程中利用之前的知识和个人感受来帮助人们进行意义建构。学生可以使用一个窗口形状的记事本，来记录四种不同类型的笔记。

1. 事实：重要的事实和细节有哪些？
2. 问题：我能想到哪些问题？我关心哪些问题？
3. 感受和反馈：我对正在学习的东西有什么样的感受？[①]
4. 联系：这与我的经历或我学到的其他东西有什么关系？

---

① 英文原书的第 3 条为"联系"，第 4 条为"感受和反馈"，此处根据表 3.1 及相应阐述调整了顺序。——译者注

表 3.1 是一名小学四年级学生看了一段关于龙卷风的视频后所做的窗口式笔记。

表 3.1　窗口式笔记：龙卷风（Silver et al., 2018, P. 161）

事实	感受和反馈
●龙卷风是一种旋转的空气柱，能够伴随着雷雨从空中降至地面。 ●由温暖潮湿的空气与凉爽干燥的空气相遇而形成。 ●可以达到每小时 480 千米的风速。	●龙卷风真的很吓人！我不知道它们能造成多大的损害。
问题	联系
●如何测量龙卷风内部的风速？ ●为什么龙卷风不能持续地旋转或移动？是什么让它们停下来？	●当我父母看新闻时，我也从电视上看到了一些关于龙卷风的信息——有些人因为自己的家被龙卷风吹走了而大声哭泣。 ●龙卷风使我想起了我在学校时的情形，我尽量去做很多事情，所以我做事很快，就像以每小时 480 千米的速度行进一样。

在介绍窗口式笔记时，教师需要帮助学生理解这四个笔记窗口分类的价值。记录事实有助于学生记住关键信息；提出问题使学生能够排除不确定的信息，并培养他们的好奇心；表达感受和反馈能够使学生的学习变得个性化；建立联系则鼓励学生利用之前已学知识。而同样重要的是，不同的学习者对做笔记的偏好是不同的。对学生而言，虽然在做笔记时会有一个优先选择，但要意识到每种类型的笔记都有它的价值。因此教师要鼓励学生写出四种类型的笔记，即使有些笔记做起来不如其他笔记那么得心应手。教师应帮助学生养成超越其常规思维的习惯，尤其是放弃单纯抄笔记这种吃力又无益的做法，应教会学生运用更多参与性更强的方式来处理新知识，进而培养学生进行意义建构的能力。

数学笔记

数学笔记（Math Notes，Silver，Brunsting，Walsh，& Thomas，2012）是窗口式笔记的变体，使用相同的四窗格笔记的形式来培养学生解决具有挑战性的数学应用题的能力。应用题是对学生阅读能力和数学解题技能的综合考查，因此学生会感到比较难。通常情况下，每当学生遇到了比较难的问题时，总是想尽快地找出解决的方案，而不是专注于这些问题要求考查的具体步骤。在这种情况下，数学笔记会让学生放慢解题速度，并学会如何使用数学推理的基本原理进行应用题的文字梳理、分析和复杂步骤的解答。学生可以使用组成数学笔记的四个窗格来完成以下几个步骤。

1. 确认问题考查的事实内容，包括明确需要计算出的缺失信息。

2. 明确应用题要解决的问题，找出题中没有直接陈述，却暗示出的"隐藏问题"。

3. 想清楚解决问题所需的步骤。①

4. 创建问题的可视化图标。

学生应该在真正解决问题之前做好以上几点，这样可以使他们对问题的理解更加深入，使解题的步骤更加清晰，解题方法更有可能是正确的。图3.1是一个学生做的数学笔记。请注意观察，每个窗格的内容如何促进学生对这道应用题的深入理解，以及如何使学生最有效地解答这道应用题。

罗斯福小学的四年级有六个班，其中一个班有25名学生，其余每个班有24名学生。所有四年级学生都要去动物园做一次实地考察。如果每辆面包车能容纳8名学生，每辆大巴车能容纳45名学生，那么需要多少辆大巴车和多少辆面包车才能把所有四年级学生送到动物园？

---

① 英文原书的第3条为"创建问题的可视化图标"，第4条为"想清楚解决问题所需的步骤"，此处根据图3.1及相应阐述调整了顺序。——译者注

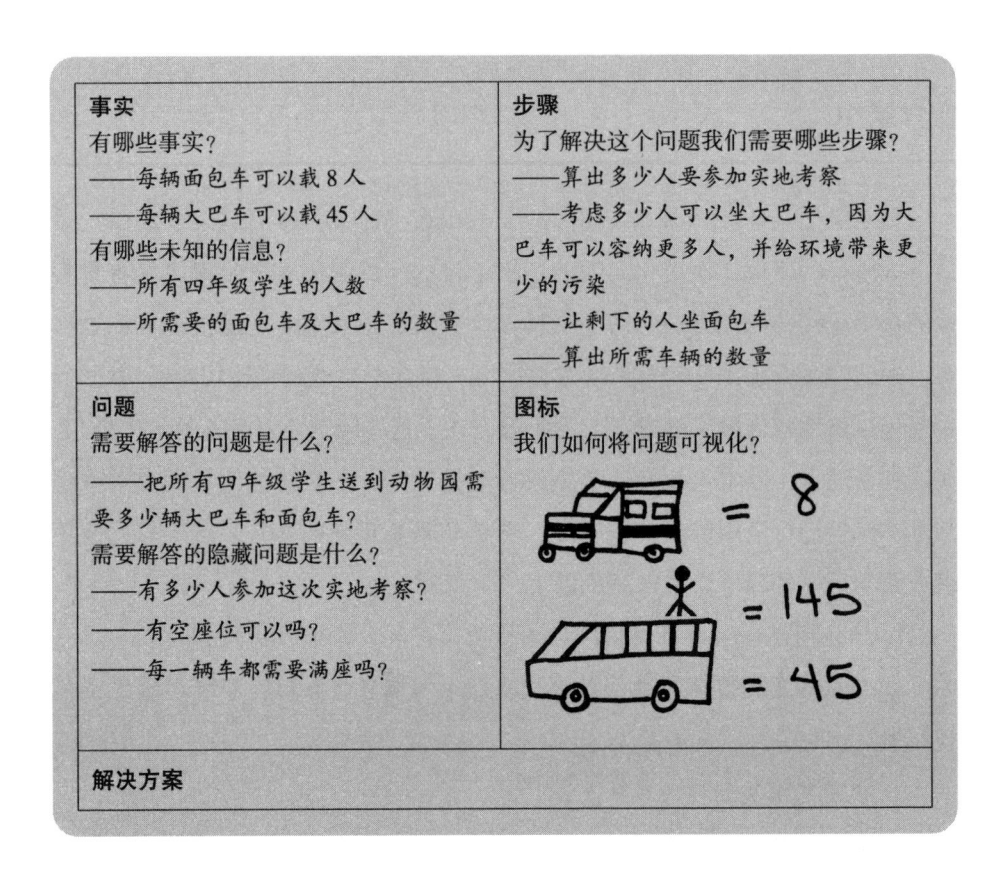

事实	步骤
有哪些事实？ ——每辆面包车可以载8人 ——每辆大巴车可以载45人 有哪些未知的信息？ ——所有四年级学生的人数 ——所需要的面包车及大巴车的数量	为了解决这个问题我们需要哪些步骤？ ——算出多少人要参加实地考察 ——考虑多少人可以坐大巴车，因为大巴车可以容纳更多人，并给环境带来更少的污染 ——让剩下的人坐面包车 ——算出所需车辆的数量
问题	图标
需要解答的问题是什么？ ——把所有四年级学生送到动物园需要多少辆大巴车和面包车？ 需要解答的隐藏问题是什么？ ——有多少人参加这次实地考察？ ——有空座位可以吗？ ——每一辆车都需要满座吗？	我们如何将问题可视化？ = 8 = 145 = 45
解决方案	

图 3.1 数学笔记：分析一道应用题（Thoughtful Education Press，2017，P. 11）

交互式笔记

交互式笔记（Interactive Note Making，Boutz, Silver, Jackson, & Perini, 2012）基于经典的阅读策略 SQ3R（即调查、提问、阅读、背诵和复习）（Robinson，1946）。交互式笔记能够帮助学生从阅读的文本中提取重要信息，并能对文本进行深入理解，同时能够培养学生预览文本、收集重要信息的能力，还能使学生掌握预习的重要技能——研究表明，预览文本去找内容这一习惯常常是专业读者和普通读者的不同之处（Pressley，2006）。交互式笔记的好处还不止于此：这个工具还能培养重要的学习能力和自我监控能力。使用这个强大的工具，需要遵循以下步骤。

1. 教会学生如何主动预习需要阅读的文本或章节，分析段落标题，思考该如何展开段落和进行段落总结，找出主题句，加粗专有术语，仔细查看图片，研究章节后的复习问题。

2. 要求学生（或与他们一起）将每个部分的标题或副标题转换成一个问题。让学生在"问题"这一栏中写下这些问题（参见表3.2）。

3. 当学生阅读相应章节时，教师鼓励他们把这些问题记在心里，并收集信息，做好笔记，解决问题。

4. 当学生完成阅读和做笔记时，教师可以检查他们对材料的理解和记忆程度。让学生把笔记组织表折叠到只可以看到问题、笔记内容被盖住的样子，使学生不参考之前做好的笔记，对每个问题做出自己的回答。

5. 教师要求学生打开笔记组织表，对照笔记检查自己的回答。学生应主动评估自己的理解程度，用以下符号做适当的标记：

√ = 我懂了。

★ = 我需要复习。

？= 这里我还有问题（学生应该把自己的问题记录下来）。

表3.2是一个中学生使用交互式笔记方法所做的笔记。

表3.2 学生使用交互式笔记方法所做的笔记（Boutz et al., 2012, P.110）

问题	主要思想	支持观点的细节	反馈
血液的功能是什么？	血液带给细胞养分和氧气，并带走废物；同时还会携带激素、蛋白质和抗感染物质到身体需要的部位。		★
血液的成分有哪些？	红细胞、白细胞、血小板、血浆。		√
什么是血浆？	血浆是在血液中运载细胞的黄色液体。	血浆中大约90%的成分是水。	★

续表

问题	主要思想	支持观点的细节	反馈
白细胞的功能是什么？	白细胞（WBCs）帮助身体抵御感染和疾病。	白细胞可以摧毁被感染的细胞并形成抗体。	？什么是抗体？

在对交互式笔记这一工具的使用场景描述中，主要以阅读为例，实际上这个工具同样适用于课堂展示、讲座开展和视频制作。如果想应用在这些方面，教师需要为学生提供一些必须关注的基本问题，鼓励他们在课上使用表格的各个组成部分来收集相关信息，并检验学生对这些问题的理解程度。

思维网图

思维网图（Webbing）是做笔记的一种具体方式，学生可以通过思维网图直观地表达报告或文本中的关键思想。思维网图是促进意义建构的一个特殊工具，原因如下。首先，思维网图是一种非线性格式，它允许学生自由地组织思维，如此一来他们就可以把更多的注意力放在捕捉和处理信息上，而不是单一地遵循与传统提纲相似的格式。其次，思维网图的格式使学生无法进行低级的复制抄写行为。学生必须通过将所读或所听的内容转换成可视的信息，并将重要的思想与支持的细节联系起来进行意义建构。因此，思维网图特别适合帮助学生表示事实和概念之间的关系。例如，图 3.2 中的思维网图就是一名学生在阅读科学教科书中关于人类神经系统的内容时制作的。

除了帮助学生组织和理解信息，思维网图也是帮助进行头脑风暴的好工具。一组学生为了解决一道物理问题："如何只使用铝箔就能让 30 个硬币漂浮在水上？"他们创建了这样一个思维网图，如图 3.3 所示。集思广益共创解决问题的办法（后来需要对这些想法进行检验）。

思维网图还有一个用途是作为复习和学习的辅助工具。通过使用思维网图，可以检测学生对所学课程或主题的掌握程度。比如：学生能不能制作出一个网图巧妙地抓住中心思想？学生能否回忆起支持大概念的各个重要细节？可以让学生比较自己制作的思维网图和笔记本（课本），看看哪个载体上的内容是他们真正懂了的，哪些是需要再回顾和进一步复习的。

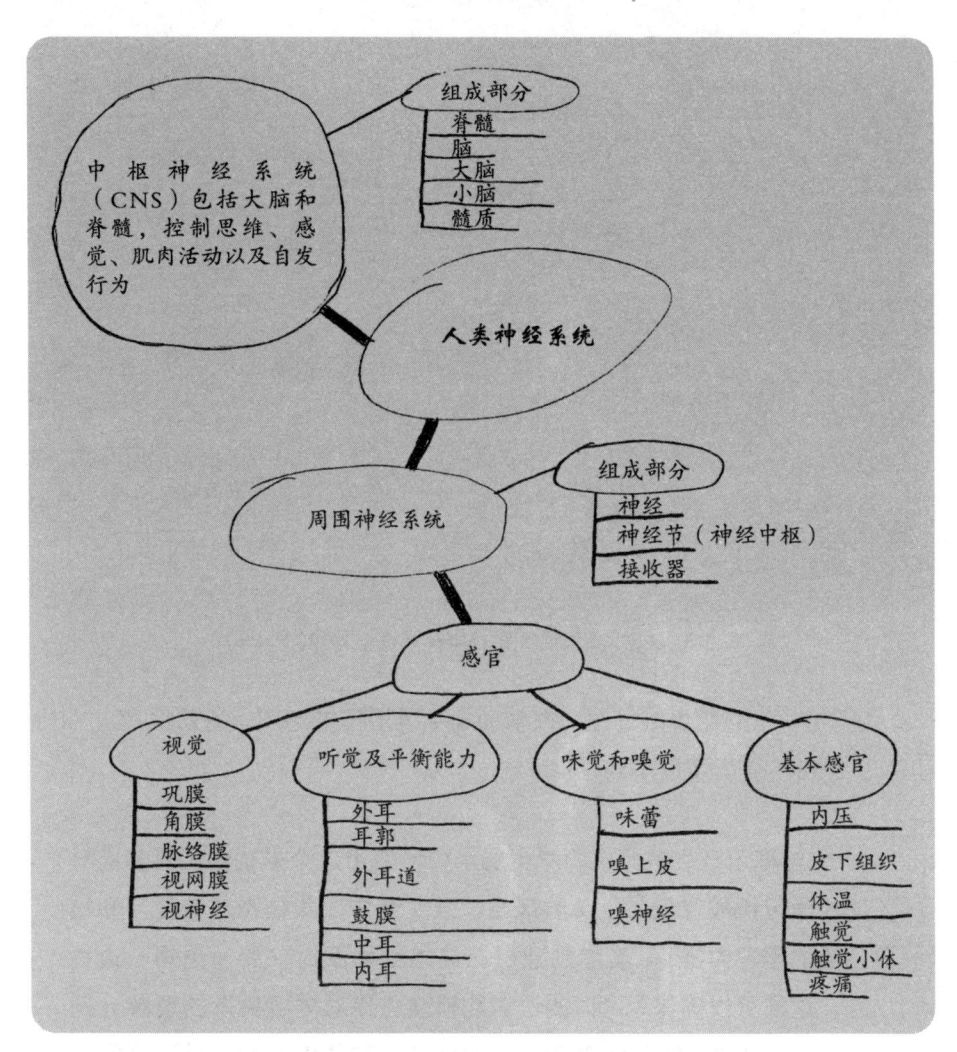

图 3.2　从阅读中收集重要信息建构思维网图（Silver et al., 2008, P.43）

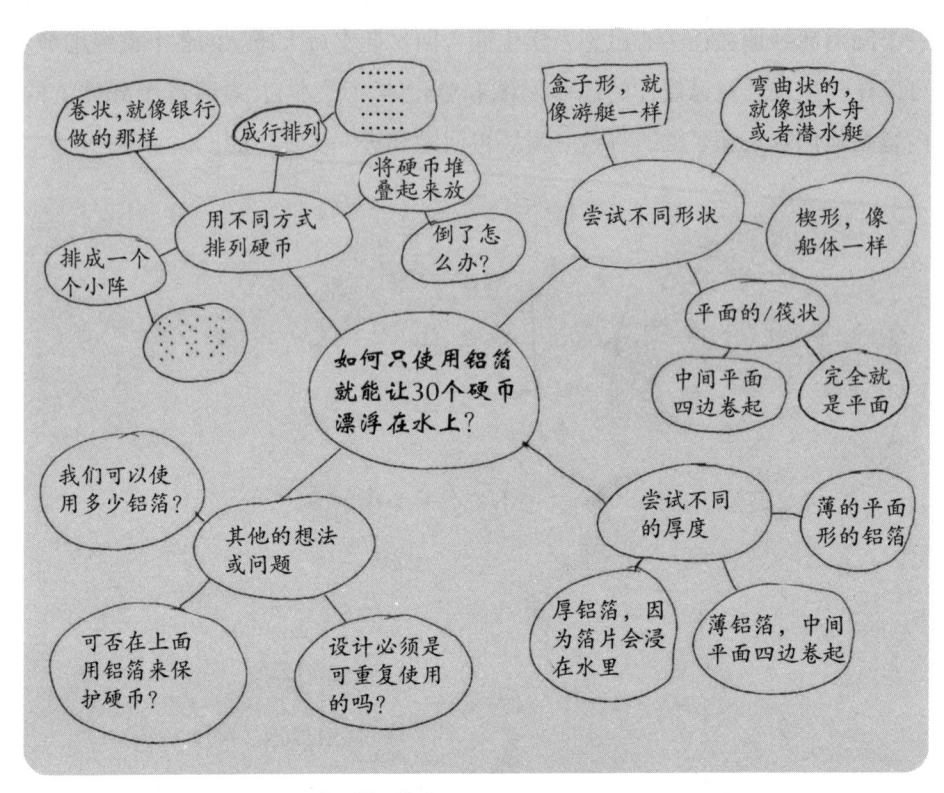

图 3.3 头脑风暴思维网图（Silver et al.，2018，P.156）

为了给学生介绍思维网图，并辅助学生运用思维网图，有研究者（Silver et al.，2018）提出了以下建议：

☆ 过程示范。教师应向学生展示如何使用这个多功能工具来应对不同的学习挑战（例如，头脑风暴、从文章中收集信息或者复习和检验相关的学习内容）。当你创建自己的思维网图时，要一边想一边说出来，这样可以确保思考时的语言能够强化你对内容关系的理解（例如，"文本的这一部分包含了所有的细节，这些细节都支持我刚刚在这里写的小标题，如'金字塔是如何建造的'等。因此我要把它们添加到思维网图相关的内容中。"）。

☆ 小学生可以跳过小标题总结这一环节。教师仅仅需要给小学生一个中心话题，然后让他们记录自己所知道或了解的有关中心话题的所有内容即可。

☆ 向学生提供小标题。例如，如果学生正在学习关于艺术家乔治亚·欧·姬芙（Georgia O'Keefe）的内容，教师可以为他们先创建一个以乔治亚·欧·姬芙为中心标题的初始思维网图，再画上几个延伸出去的小标题。提供这些小标题时，教师可以考虑把每个小标题都变成一个问题（例如，乔治亚·欧·姬芙的童年是什么样的？是什么激励她成为艺术家的？她的画有什么有趣的？她最著名的几幅画是什么？）。学生可以通过收集回答每个问题的重要细节，来补充小标题并继续画好这个思维网图。

4-2-1 总结模式

学生在总结信息时面临的最大挑战之一，就是决定哪些信息应该包含在总结中，哪些信息可以省略。最重要的是什么？大概念中最重要的想法是什么？哪些是支持这些大概念的重要细节，哪些是微不足道的？

4-2-1 总结模式（4-2-1 Summarize, Boutz et al., 2012）采用合作学习的方式，教会学生如何区分重要信息与不重要的信息，建构主要思想，综合并总结所学知识，最后写下来。在阅读一篇课文或参与一次学习体验之后，学生可以重温课文或文本材料，并确定他们认为非常重要的 4 个观点或概念。学生先单独进行这项工作，将 4 个主要观点（概念）记录在一个笔记模板里（见图 3.4）。教师需要注意的是，让学生选出 4 个重要的观点（概念）与让学生陈述出重要的观点是不同的，因为后者对于没有经历完整学习过程的学生来说往往是困难的。4-2-1 总结模式列出了学习过程的步骤。

之后，每个学生都需要与另一个学生组队，分享和比较彼此的想法。每一个小组的 2 名学生讨论彼此的观点，并努力在 2 个最重要的观点上达成一致。然后，2人小组与另一组再次组队，形成一个4人小组；4个学生一起分享和比较彼此的想法，然后作为一个团队来确定课文或学习体验中最重要的某个观点。通过这个过程（4个人单独产生了4个关键想法，然后经过讨论形成2个最重要的想法，最后在4人小组的讨论中形成一个最重要的观点），学生提炼想法，直到总结出学习中的一个重要的信息——基本观点。

这一过程能够使学生参与到意义建构的合作学习中，并促使他们准备好对文本的简要总结。学生最后形成的重要观点在最开始时往往只是一个主题句，通过文本中细节提供强有力的支持，学生不断进行观点的收集和凝练。图3.4是这一总结模式在中学课堂的具体表现。需要着重注意的一点是，这个学生和她的搭档是如何从4个关键想法中筛选出2个最重要的想法，且保留了她的一个原创想法（人口越来越多，民族、种族也越来越多样化，而本地人口却在减少），并结合一些其他的原创想法形成另一个重要想法（土地开发了，但也被破坏了）的。最后，4人小组建构出一个最重要的观点以涵盖所有想法的本质。

4个关键想法	当黄金被发现时，世界各地的人们涌向美国加利福尼亚。	人口越来越多，民族、种族也越来越多样化，而本地人口却在减少。	建起了新的城镇、商业机构、道路和学校。	开采黄金会破坏环境。
2个最重要的想法		人口越来越多，民族、种族也越来越多样化，而本地人口却在减少。	土地开发了，但也被破坏了。	
1个最重要的观点			淘金热改变了美国加利福尼亚的人口和地貌。	

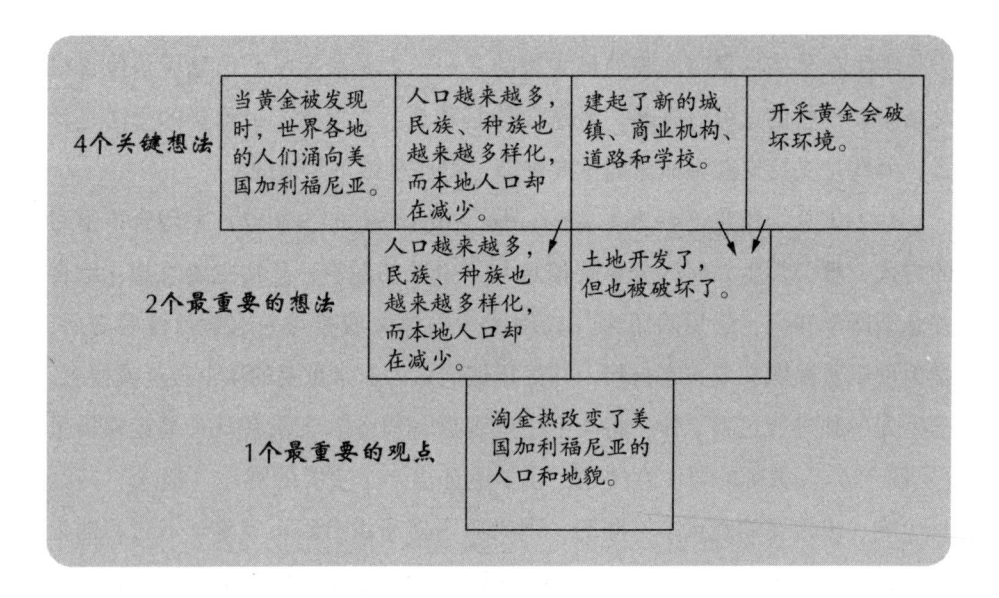

图3.4 4-2-1总结模式：学生思维组织过程和书面小结

> **总结：我学到了什么？**
>
> 淘金热改变了美国加利福尼亚州的人口和地貌。1848年，萨特磨坊里发现了金矿，美国不同地区和世界各地的人们纷纷涌向加利福尼亚州，使得当地的总体人口数量变得庞大、民族种族更多样化，但本地人口数量却减少了。超过10万的当地人死于疾病或饥饿，而大量外来人口的涌入不仅改变了加州的人口组成，也改变了当地的风貌。城镇、商业机构、道路和学校如雨后春笋般出现，然而，采矿行为却污染和破坏了当地的环境。总的来说，淘金热以许多不同而持久的方式改变了加州的地貌、当地民众的生活以及当地的发展方式。

图 3.4　4-2-1 总结模式：学生思维组织过程和书面小结（续）

AWESOME 总结模式

总结是一种有效的意义建构策略，要求学生具备综合和处理信息的能力。但是很多学生并不知道如何写高质量的总结。AWESOME 总结模式（AWESOME Summaries，Silver & Boutz，2015）向学生提供了一个容易记住的单词作为策略名，这是一个首字母缩略词，实际上是进行有效总结的关键属性英文单词的首字母合成词。学生可以在写总结（或者计划）之前用 AWESOME 这个总结模式进行自查；在写总结的过程中，将 AWESOME 策略作为指导工具；在写完总结之后，利用其进行回顾和凝练。

A：我的总结中相关信息**准确**吗？（Accurate）

W：原始材料的内容已经大幅度地**减少**了吗？（Whittled down）

E：我的总结是否包含了**足够的信息**，并抓住了原材料的精华？（Enough information）

S：我的总结涉及的信息是否有逻辑地进行组织和**排序**？（Sequenced）

O：我对原材料的总结是否**客观**（不带个人观点）？（Objective）

M：我是不是**用自己的话**总结原材料？（My own words）

E：我的总结只包含**基本观点**吗？我是否删除了不必要的细节？（Essential ideas only）

总　结

毫无疑问，善于做笔记和做总结的学生能在校内学习和之后的职场中拥有更多取得成功的机会。通过做笔记和做总结，学生能够捕捉、组织和综合各种信息来进行意义建构，从而使大概念和重要的细节变得清晰。本章旨在提供一些简单的方法来帮助学生更好地掌握这两种基本技能。同时，本章还意在改变学生固有的思维模式，帮助他们改变"认为做笔记和做总结是很无聊的行为"这一想法，使学生认识到这两种技能都是强大的，对个人的学习过程都很有意义。

第4章

比　较

是什么与为什么

请观察图 4.1 中的两张图片。

图 4.1　两个课堂的故事

当你看到一个如同图 4.1 中右图的课堂时，请先别去理会可能会在教师脑海中拉响的警钟。因为，在这里我们感兴趣的并不是教师描述的课堂管理或教学技能，而是你的思考过程。你会如何处理这两张图片？你会想些什么呢？你想表达什么意思？

事实上，将这两张图片并列放在一起，我们就会即刻启动人与生俱来的能力——比较。人们天生喜欢比较；把事物放在一起考虑（身体上，或更通常是心理上），分析它们之间的相似性和差异性的行为是一项基本的意义建构能力。这种能力能快速识别出这两张图片所具有的共同特征为呈现的是课堂教学的场景，同时也会注意到两者之间明显的差异。

就学术能力而言，善用比较的方法也是重要能力的体现。两项元分析研究（Dean, Hubbell, Pitler, & Stone, 2012; Marzano, Pickering, & Pollock, 2001）表明，教会学生如何进行比较和对照有助于提高学业成绩。还有研究者（Hattie & Donoghu, 2016, P.4）指出比较思维在知识迁移中起到关键的作用，其在研究中发现"知识发生迁移，就更容易取得好的学业成绩。如果在学生将自己的知识迁移到新情境之前，能够教会学生识别出这种情境与新情境之间的异同，那么知识发生迁移的可能性就会更大"。请注意这些研究者表达的一个关键理念——要教会学生如何做比较。尽管比较是一种自然形成的技能，但能否高水平应用比较技能则完全是另一回事。如果我们希望学生能够掌握比较分析的技能，并从中受益，那么教师就需要提供"清楚明确的指导，教会学生在运用的过程中如何识别事物之间的相似性和差异性"（Dean et al., 2012, p.121）。

当学生在学习过程中进行有目的的比较时，他们就在建构意义并增强理解。比较是一项基本的思维技能，也是进行更复杂思维活动（如论证、决策和解决问题）的必要基础。如果教师的目标是教学生如何得到高质量的论据，那么学习过程就应该包括比较——让学生分析示例中的各种书面论据，以确定它们之间的共同点，并集中注意力细致区分论点、论据和推理中的关键差异。对于几乎所有的高阶思维目标或任务而言，情况都是如此。如果教师希望学生做出好的决定，那么他们就需要具备比较和对照各种选择的能力。如果教师希望学生进行询问或设计一个能够解决具体问题的产品，那么学生就要辨别并确定在此过程中会出现的各种理念和多种可能性；因此，比较思维的能力对于在这些情境中获得成功至关重要。

如何做

尽管比较这种方法大有裨益，但许多教师却反馈说，他们在运用这个方法的经历中并不总是能产生如同教学研究展示的那种学习成果。在多年来帮助教师培养学生思维能力的过程中，我们发现当要求学生进行比较时，的确会出现一些困难或问题。本章讨论的六种方法曾通过各种案例被检验过，专门挑选出来帮助教师克服这些实践中遇到的困难或问题。表 4.1 展示了教师和学生在进行比较时面临的一些最常见的问题，同时总结了运用这六种方法如何去解决这些问题。

表 4.1　常见的比较陷阱和解决方法

困难或问题	解决方法
学生没有深入理解需要比较的内容或没有明确需要比较的重要方面，仓促地进行比较。	1. 先描述，再比较：指导学生详细描述每一项内容，然后再寻找相似点和不同点。
学生的比较集中在研究项目的琐碎细节上。	2. 有意义且易于管理的标准：指导学生如何在研究项目的重要方面集中注意力。
学生在进行比较时，没有运用有效的工具来组织结论。	3. 高帽组织图和比较矩阵图：可以提供视觉组织图，引导学生进行思考，这些视觉组织图优于维恩图。
学生的比较活动无法开展；学生还没有做出任何结论或概括就终止了比较活动。	4. 你能得出什么结论？激励学生对正在进行比较的项目做出结论，并找出支撑结论的细节，以此建立更深层次的理解。 5. 比较和结论的矩阵图：学生能够回顾比较的过程，从而得出结论或根据已有的分析做出决策。当要求学生比较两个以上的项目时，这种方法尤为有用。
学生无法将自己对比较思维的理解迁移到其他情境中（例如，课堂讨论）。	6. 社交圈：鼓励教师和学生将比较思维的方法运用到课堂讨论中。

先描述，再比较

进行有效比较的最大障碍之一，是许多学生仓促地进入比较过程，却并没有真正清楚地了解要进行比较的内容，也并不明确比较的目的是什么。先描述，后比较（Silver & Boutz，2015）旨在放慢学生的速度，要求他们仔细查看比较项目，而不是匆忙寻找相似之处和不同之处。使用这个方法可以在很多方面提高效率。该方法首先请学生阐明进行比较的原因，然后要求学生明确描述出要比较的项目中最突出的方面或维度。初次使用此方法时，教师可以为学生提供比较的维度；随着学生逐渐熟练这一过程，应该鼓励他们自己去确定比较的维度。

明确描述所比较项目的维度对于指导学生开展比较活动至关重要；没有这一步，学生最终得到的往往是关于每一项目的信息大杂烩，其中大部分都是无关紧要的或琐碎的（例如，亚伯拉罕·林肯很高，留着胡须。乔治·华盛顿戴着白色假发，砍倒了一棵樱桃树。亚伯拉罕·林肯要付5美元，乔治·华盛顿要付1美元）。但是，如果要求学生收集以下这些方面的信息时，他们的比较思维就会集中在最重要的方面：（1）每位总统的关键成就；（2）每位总统面临的最大挑战；（3）他们是如何成为总统的。

学生运用这个方法可以制作出一个简单的描述组织图，并将每个项目的相关信息并列列出，从而有助于意义的建构。图4.2展示了一个正在学习线性方程和二次方程的学生所完成的描述组织图。

项目或文本1：线性方程	描述相关属性、重要方面或组成部分	项目或文本2：二次方程
$y=ax+b$	标准方程式	$y=ax^2+bx+c$
• x 为随机选择任意值。 • 代入 x，并求 y 的值。 • 绘制有序点 (x, y)。 • 在 y 轴上绘制点 b 以确定 y 轴截距。 • 使用斜率 (a) 确定其他点。	解题步骤	• x 为随机选择任意值。 • 代入 x，并求 y 的值。 • 绘制有序点 (x, y)。 • 一个更复杂的过程，称为"配方"。系数是用于确定抛物线的顶点及其大致形状。
直线 • 使方程式成立有无穷个有序点。 • 给定 y，只有一个 x 值使方程式成立。	图像形状 选择	抛物线 • 使方程式成立有无穷个有序点。 • 给定 y，有 0 个、1 个或 2 个 x 值使方程式成立。

图4.2 描述组织图：线性方程和二次方程（Silver et al., 2018, P.189）

请注意，这名学生还未发现线性方程和二次方程的任何异同，仅仅对一些关键属性进行了详尽的描述。以这种方式先进行详细的描述之后，学生可以更好找出各个项目之间的重要异同，然后再进行比较。当然，在要求学生进行描述和比较之前，最好先对项目比较进行示范。也可以先让学生尝试一些能够轻松进行描述和比较的常见项目，如刀和叉、热狗和汉堡包、足球和曲棍球等。

经过一段时间，学生就会内化这种重要的"先描述，再比较"的习惯，从而获得可迁移的技能，这将帮助他们在进行比较时，成为更有策略的思考者。

有意义且易于管理的标准

　　学生对描述和比较的过程逐渐熟悉之后，教师应该要求学生去接受挑战——辨识出要比较项目的重要维度或重要方面。首先，使用学生熟悉的主题，要求学生阐明比较的目的，然后确定要考虑的重要方面。例如，针对养宠物的话题，教师可以这样说："想象一下你的家人要养宠物，并且正在考虑养狗还是养猫。你将如何决定？你将使用什么标准来比较猫和狗？"当收集了全班学生的想法并进行讨论后，教师引导说："好。到现在为止，经过讨论，我们得到的标准维度有易养程度、寿命长短和养宠乐趣。我们还能想到什么呢？"一个学生说："行为乖巧吗？"教师回答："有意思。那么你为什么认为行为乖巧是一个需要考虑的重要方面呢？"通过这种方式教师指导学生进行比较，能够让全班学生达成共识，制定出一套操控性强又有意义的比较标准。

　　在学生学会阐明比较的目的及确定要进行比较的标准之后，教师可以要求学生进行更多与学习内容相关的比较训练，并继续激发他们思考哪些值得比较，比如问："在比较细菌和病毒时，我们需要关注哪些重要方面？为什么？是什么使这些方面变得重要？全班同学可以就我们要研究的这三个或四个最重要的方面达成共识吗？"经过一段时间的训练，可以将这种激发思考的任务完全交给学生，比如告诉学生，"要进行光合作用和呼吸作用的比较，你需要选择四个或五个常见要素进行比较。你还需要解释为什么会选择这些要素"。

　　这种潜移默化形成的能够阐明比较标准的技能对学生的学业成功至关重要，尤其是在标准化考试中，因为这类考试中总会有一些关于比较的阅读任务。有时，这些比较任务会直接给出或暗示学生应该关注的比较标准，例如，"在你所读到的材料中，比较各种动物在栖息地中赖以生存的适应方式。你可以针对以下这几类适应方式，包括寻找食物、调节体温及躲避掠食者"。(Silver & Boutz，2015，p. 26)

当进行比较标准的选择时,学生应该完全依靠自己。① 要让学生在这类考试项目上取得成功,必须做好前期准备,教师可以为他们提供一些带有和不带有比较标准的比较任务。如果任务中提供比较的标准,要求学生必须注意这些标准。对于不提供标准的比较任务,要求学生仔细思考有意义的要素,尝试说出想到的比较标准。例如,如果某项目要求学生比较两个人物,学生可能会选择关注他们的性格、经历或与他人的交往互动,而不会选择外貌,相比之下,诸如外形这样的标准通常与理解人物的特点无关。

高帽组织图和比较矩阵图

教师用来帮助学生识别事物异同的最常见的组织图是维恩图。但是,我们建议使用高帽组织图。与维恩图不同,高帽组织图为学生记录相似点和不同点提供了充足的空间。此外,借助高帽组织图,学生可以将重要的区别并排列在一起。在中间分隔差异的维恩图中,这种并列性是不可能的。图4.3是一个高帽组织图,展示了学生是如何使用这个组织图识别现实主义和自然主义这两种文学运动之间的重要差异和相似之处的。

---

① 若学生在确定比较标准时遇到困难,教师可根据实际情况提供备选项,对于学生不熟悉的领域,应鼓励其先了解相关知识,再定夺比较标准。——译者注

不同点	
现实主义的独特性	自然主义的独特性
●认为人的选择自由受到外部力量限制。 ●试图真实而准确地描绘生活。 ●倾向于淡化情节以塑造人物。 主要作者和作品： ●亨利·詹姆斯（Herry James）：《黛西·米勒》 ●马克·吐温（Mark Twain）：《哈克贝利·费恩历险记》 ●威廉·迪恩·豪威尔斯（William Dean Howells）：《伊迪萨》	●认为外部力量控制人的行为，人没有自由意志。 ●试图展示在与外部势力的斗争中生存是英勇的表现。 ●倾向于创造让读者感到同情的文学人物。 主要作者和作品： ●斯蒂芬·克莱恩（Stephen Crane）：《街头女郎玛吉》《海上扁舟》 ●弗兰克·诺里斯（Frank Norris）：《章鱼》
相同点	
●两者都倾向于关注普通人。 ●两者都相信外部力量影响着人的行为。 ●两者都与浪漫主义相对，浪漫主义崇尚个人主义和自由意志。	

图 4.3　高帽组织图：现实主义和自然主义异同比较

还有一个我们推荐给教师用于培养学生比较分析技能的组织图是比较矩阵图。这个工具能够提供一个空间，使学生标识出要比较的具体维度，从而更加明确比较过程的关键层面，确保学生的比较内容不会偏移到不相关的地方。像高帽组织图一样，比较矩阵图也提供了比维恩图更多的空间去记录更细致的想法。图4.4提供了一个示例。

比较的维度	苔原 独有特征	两者的相似之处	沙漠 独有特征
气候	气候严寒	气候恶劣，不适宜人类居住	炎热干燥
地形地势	多年冻土	荒芜的平原	沙地
植被		极少的（无法生存）	
自然资源		石油、天然气	
人口		很少有永久居民，游牧民族	

图 4.4 比较矩阵图：苔原和沙漠

你能得出什么结论

在进行比较时，学生几乎无法获取意义，或只能建立肤浅的理解，这是因为教师经常在学生识别异同之后就马上给出相关问题的答案或进行讲解，从而让学生失去了一个深入思考的机会。更糟糕的是，这样会给学生留下一种刻板印象，即比较只是罗列出异同点的一种排列组合练习。"你能得出什么结论？"是能够帮助学生在比较时进行深入思考的一个方法。这个方法的核心在于能促使学生回顾自己比较过的内容，进而做出概括或总结。使用这个方法的示例如下：

☆ 蜘蛛和昆虫之间相似点多还是不同点多？

☆ 我们读的两个寓言之间你认为最重要的区别是什么？

☆ 通过你对布克·T. 华盛顿（Booker T. Washington）和威廉·爱德华·伯格哈特·杜波依斯（William Edward Burghardt Du Bois）两位学者在教育方面的观点的比较，你认为谁的更有说服力？为什么？

☆ 为什么有些学生更喜欢使用分数，而另一些学生更喜欢使用小数？你更喜欢使用哪个？

根据你的教学目标，你可以要求学生通过小组讨论、全班讨论或者二者相结合的方式，以书面形式得出结论。无论采用哪种形式，都要提醒学生在得出结论之前应回顾项目比较中的细节。这么做的目的是让学生能够通过引用他们在比较分析过程中收集到的具体信息来解释和证明自己的结论。

教师还可以要求学生将自己所学的知识运用或迁移到新的情境中，通过这样的任务能够进一步拓展学生的思维。以下是一些可以在课堂中使用的比较任务，改编自《比较与对照》(*Compare & Contrast*) (Silver, 2010, PP. 47-48)。

> ☆ 创建一个"便笺条"，展示出青蛙和蟾蜍的差异。
> ☆ 撰写一篇简单的论文，论证是支持还是反对这种说法：**奇闻异事中的英雄有点像今天的超级英雄**。
> ☆ 比较两家银行的存款证明上显示的利率和条款——一家提供单利利息，另一家提供复利利息。你能得出什么结论？哪个是更好的选择？
> ☆ 创建一个有氧运动和无氧运动相结合的锻炼项目。
> ☆ 写一首诗，反映当今时代的不公正问题。使用正在学习的诗歌中的一种风格。

比较和结论矩阵图

对比较矩阵图进行修改后，可以形成比较和结论矩阵图（见图 4.5），其有两个值得注意的点：一是可以比较两个以上的项目；二是给予学生空间，要求他们根据自己的比较得出结论或做出决定。

举一个简单的例子，比较四种常见的水果：苹果、橙子、葡萄和香蕉。首先，应该确定比较的目的：假设我们有机会在美国马里兰州西部建立一个水果农场，需要决定种植以上四种水果中的哪一种，可以在批发市场上卖个好价钱。我们应基于设定的目标对四种水果进行比较，抓住关键的标准。图 4.5 的比较和结论矩阵展示了这个例子中需要比较的标准。请注意，这个矩阵包含与比较的目标（即做出决定）相关的五个关键标准。由这个目标出发，学生能够以各种方式使用这些标准来帮助他们做出最后的决定。学生可以根据标准来收集每种水果的相关信息，或者根据以每种水果对标准的契合程度进行评分（例如，使用5分制，其中5分是最有利的，而1分是最不利的）。同样重要的是，这个矩阵要求学生仔细查看结果并根据比较分析做出最终决定。一组学生使用这个矩阵之后，在结论框中写道："在根据标准对四种水果进行研究和比较之后，我们认为苹果是最适合马里兰州西部土地种植的水果。"

比较项目	标准				
	区域适宜性	种植成本	培育成本（如水、肥料）	收获成本	市场批发价
苹果					
橙子					
葡萄					
香蕉					

结论

图4.5 比较和结论矩阵图：四种水果

请注意，学生得出的结论可以采用多种形式。例如，学生可以使用结论框来填写自己做出的决定（如水果农场的示例中图4.5所示），也可以进行归纳概括（例如总结为："三个主要角色都很害羞，但很勇敢。"）。

社交圈

比较不仅是一种应用于具体任务和课程的认知技能，而且是一种几乎总能引向深入理解的基本思维方式。以课堂讨论为例，在学生积极参与的课堂讨论中，会产生各种各样的反馈，但是这些反馈常常无法得到进一步的探索，仍是一些零散的想法。如果将比较思维运用于这样的课堂，就可能带来改变。

社交圈（Community CIRCLE，Silver，Perini，& Boutz，2016）是一种通过鼓励学生借鉴自己的经验并表达自己的观点来提高课堂讨论参与度的方法。当学生产生了大量的想法，这个方法便可以帮助学生看到更大的概念、获得更深的见解。这个方法的名字中"CIRCLE"一词是首字母缩略词，说明了教师在课堂教学中可以遵循的六个步骤。图4.6列出了这些步骤，并展示了教师如何运用这六个步骤来指导课堂讨论。

以下是对使用这个方法的四条建议。

> ☆ 确保你的讨论与具体目标或学习目标紧密关联，并在给出学习提示、设计任务和指导讨论的过程中牢记目标。
>
> ☆ 在开展社交圈活动之前，应教会学生如何进行积极的讨论或优化学生的讨论行为，如认真倾听、互相尊重及称呼同学的名字等。
>
> ☆ 当你给出学习提示时，应鼓励学生放慢思考速度，回忆相关的学习内容，并在参加讨论之前以书面形式记录这些想法。
>
> ☆ 灵活变化学习提示。根据不同的项目，教师可以创建不同的学习提示，以帮助学生探索概念（"偏见对你意味着什么？"），分析原因或影响（"故事引人入胜的原因是什么？"或"假如没有分数和小数，只能使用整数，我们的生活会发生怎样的改变？"），或是评估决策（"退出航天飞机计划是正确的决定吗？为什么呢？"）。

定期运用社交圈，可以使这个方法强调的思维和协作行为成为你课堂文化的一个重要特色。

（Create）创建一个学习提示，邀请学生分享个人知识、经验或观点。

教师可以使用下面的提示语要求学生思考他们的个人体验（成绩）与态度之间的关系："回想一下你以前的态度对自己的成功有所帮助或有所阻碍的那些体验。说说态度是如何影响你获得成功的？"为了让学生做好准备进行经验分享，教师要求学生先把自己的想法写在纸上，再加入社交圈进行分享。

（Invite）邀请学生坐成一圈，分享彼此的回答。

学生将椅子围成一圈，开始分享。每个人都必须参加。

（Review）要求学生总结彼此的回答，回顾关键思想。

学生重述或总结其他同学的观点，并确保能够称呼出彼此的姓名。

（Compare）比较想法。

在教师的帮助下，学生可以识别出以下异同点：

"塔林和卡洛斯的经历似乎相似。两名同学都讲到了教练是如何帮助他们改变态度，以及改变后的态度是如何辅助自己在运动中表现得更好的。"

"乔和艾米持有非常不同的看法，艾米不相信自己的态度会影响自己在课堂中的表现，但是乔却坚信有所影响，他还用几个具体的例子来支持了这个观点，例如：当他很努力在数学科目中做到具有更加积极的态度后，他的数学成绩的确越来越好了。"

（Look）发现模式

教师要求学生挑战自己，归纳总结基于全体同学过往体验的有关态度的特点。再经过全体的讨论和辩论后，学生在关于态度方面形成了一致意见，即以下两个总结句：（1）你的态度会影响你的行为。（2）拥有一个积极的态度优于消极的态度。

（Extend）扩展思维。

教师要求学生阅读美国经典诗歌《卡西在击球》（Casey at the Bat）并且寻找其中的证据，支持（或反驳）他们对态度进行的概括。

图 4.6　一节使用社交圈方法的课

总　结

　　比较是人类自然的思维过程，对意义建构至关重要。它也被认为是提高学生成绩最具影响力的技能之一。但是，许多教师发现在课堂上进行比较并没有得到研究概述中提及的结果。我们发现，这种脱节的最大原因是，使用比较时的确会出现一些常见又很明显的困难或实践中的问题。这些问题阻碍了比较在课堂上发挥出全部潜力。借助本章中的方法，教师可以直接应对这些挑战，并认识到比较的巨大潜力。比较是一种能够建构意义的技能，可以帮助学生成为更优秀的学习者和思考者。

第 5 章

阅读理解

是什么与为什么

当我们提到阅读理解的能力时,就一定会去思考"如此"(so)这个单词,从文章中提取重要信息,并以文本证据来支持我们所理解的内容。我们的态度不是"谁在乎?"而是恰恰相反,一定要去重视它。

请允许我们解释一下,就像所有的教育者一样,我们都会非常重视阅读理解,因为阅读理解对于学习和意义的建构是**如此**关键,其重要性再怎么强调都不过分。因为对于阅读理解的研究是**如此**透彻,那些擅长阅读理解的学生总是比那些不擅长阅读理解的学生取得更好的成绩。因为培养学生阅读理解这一技能是**如此**重要,所以每一位教师,无论他所教学的年级或学科领域是什么,都需要把阅读理解这一项技能放在首位。

目前存在着大量的阅读教学策略,以及专门以提高学生的阅读理解能力为目标的教学研究项目。本书中我们选择的是一套具体的并且行之有效的策略,这套策略可以帮助读者提高阅读理解的能力,在阅读中深入地建构意义。这套策略的核心就是"识别"。大量的研究证明,专业熟练的阅读需要经过三个不同的阶段,通过这三个阶段,读者就会对文本有一个深刻的理解。阅读专家迈克尔·普莱斯利(Michael Pressley)这样说道:"一般来说,对文本进行有意识的处理是一种优秀的阅读习惯,这种习惯在阅读之前就开始了,在阅读过程中持续,在阅读完成后继续保持。"(Pressley,2006,P.57)。

如何做

本章的重点是教会学生如何利用阅读前、阅读中、阅读后这三个阶段来理解文本，建构意义。具体来说，我们提出了五种策略。教师可以通过这些策略，有针对性地培养学生高水平的阅读理解能力。

1. 加强预览使学生学会如何进行"强化的略读"，从而培养对文本内容和文本结构的预读感知。

2. 寻宝游戏采用著名的寻宝模式，让学生主动搜索阅读文本中的关键信息。

3. 单句总结让学生养成专业阅读人的阅读习惯，即学会在阅读过程中有规律地停下来，并迅速进行总结，以此来巩固对文本的理解。

4. 阅读立场教会学生如何从多角度或多层面来检查和回应文本，从而帮助他们形成对文本的深层理解和生动解释。

5. 意义阅读是一种综合性的阅读策略，涵盖了专业阅读的三个阶段，分别是阅读前、阅读中和阅读后，这使得学生在阅读文本的整个过程中能够始终主动进行意义建构。

加强预览

具有高水平阅读能力的读者不会一打开文本就开始进入细致阅读，相反，他们会先对文本进行大致的预览，为深入及高效地阅读文本做好充足的准备。使所有的学生都养成预览这种专业的阅读习惯，能够帮助他们激活先前知识，形成对文本内容的整体感知。加强预览策略会创建一个概念框架，学生可以将通过阅读收集到的新信息整合到这个框架中。

有学者（Silver & Boutz，2015，P.58）开发了一套简单、可教的专业阅读方法，以帮助学生"加强预览"。为了让学生更容易记住这些步骤，每个步骤都以字母 P 开头，如图 5.1 所示。

加强预览 (Power Previewing)
如何对文本进行强化的略读
寻找线索 (Prowl for clues): 哪些特点比较突出?
用铅笔填入关键信息 (Pencil in key information): 文本的主要内容是什么? 文本是怎样组织起来的?
打开记忆 (Pry open your memory): 哪些内容看起来很熟悉?
个性化 (Personalize): 哪些内容看起来有趣?
预测 (Predict): 你能从文本中学到什么?

图 5.1　加强预览的五个"P"（Silver Strong & Associates，2018）

在向学生介绍这个策略时，要特别注意第一个"P"，即"寻找线索"。在浏览文本时，教师要教会学生寻找重要信息。例如，对于非小说类文本，应该指导学生寻找以下特定要点：

☆ 文本标题和小标题

☆ 开头段落/导语部分

☆ 总结视觉信息（如地图、表格、图片）

☆ 题注

☆ 每章开始和结尾的问题

在所有的阅读策略中，教师教学中的示范都是非常关键的。教师需要向学生解释为什么加强预览是重要的，以及它是怎样帮助我们提高对文本的深层理解的。教师可以使用范文向学生展示你是如何完成这五个"P"的，并给学生重复练习的机会来巩固对文本的预览——还要引导学生在阅读完成后，重新回顾自己之前对文本的预览，以检视自己在阅读前的想法和预测是如何发挥作用的。

寻宝游戏

寻宝游戏（Scavenger Hunt，Silver & Boutz，2015）是一个能够帮助学生更积极、更有目的地去阅读的教学策略。这个教学策略结合了游戏元素，可以大大提高学生阅读的参与度。它引导学生将对文本的阅读看作搜索特定项目、具体信息或典型特征的过程，还可以邀请学生展示自己找到的信息。寻宝游戏允许教师以特定的、基于标准的阅读技能为目标来设计不同类型的搜索任务。表 5.1 展示了教师是如何设计搜索任务以要求学生去练习阅读标准所强调的常见技能的。

当教师已经为特定的文本设计好了搜索任务，那么就请按照以下步骤让学生参与到基于文本的寻宝游戏中来吧。

1. 为学生提供阅读文本以及明确需要完成的搜索任务。

2. 指导学生如何进行阅读（例如，独立完成或成立一个"搜索小组"），以及该怎样标记或记录自己的发现（例如，通过勾画文本、使用便利贴，或使用特定符号标注以便能够清晰识别相关段落）。

3. 在教室里四处走动，在学生阅读的时候仔细观察，并在他们需要的时候提供支持。

4. 以班集体的形式来一同回顾并讨论学生找到的答案。

5. 鼓励学生为他们的答案进行辩护或者展开辩论，并在适当的时候促成学生达成共识。（有时某个答案比其他答案更能得到文本的支持；也有时，多个答案也是同样可以的。无论哪种情况，都要确保学生明白其中的道理。）

6. 根据学生对特定搜索任务的回答情况，将注意力更多地集中在他们认为最难掌握的技能上。

表 5.1　寻宝游戏的搜索任务与常见的阅读技能的关联

阅读技能	培养技能的搜索任务示例
搜索事实性的/明确陈述的信息。	• 外星人如何向艾丽西娅传达他迷路了的信息？找出告诉我们答案的句子或段落。 • 找出文章提到的关于适应的两个例子。
使用文本证据来支持推论/结论。	• 找出可能会让我们得出"青蛙害怕"这个结论的两个单词或图片。 • 从文章中找出三个句子来支持以下结论……
确定中心思想和文章主题。	• 找出最能反映文章主旨的段落。 • 如果这篇文章的主要观点是_____，那么文章中哪两个细节最能支持这个观点呢？
查找关于角色（或角色之间关系）的情境、事件或人物的关键信息。	• 我们怎么知道叙述者是天真的？请找到一些证据。 • 从故事中找出三个有助于情境设置的细节。 • 牛顿的研究成果是如何影响爱因斯坦的发现的？请找到一些证据。
使用文本线索来帮助揭示文章中使用的单词和短语的含义，理解特定的词语是如何影响文章基调的。	• 找出一些细节或短语来帮助我们理解"共生"这个词在这篇文章中的意思。 • 寻找有助于理解文章基调的词和短语。
识别或比较文本结构；解释文章中的单个元素是如何影响其他更大的部分的。	• 找出这篇文章结构上按时间顺序排列的部分。 • 在这篇文章中，作者提出了两个看似不可调和的立场，她是如何证明它们其实是可调和的呢？在文中找到实现这种协调的部分。
找出那些反映作者观点或目的的段落。	• 找出至少三句话，能够揭示作者的观点。 • 作者认为美国在越南的军事升级是合理的还是不合理的？在文中寻找证据来支持你的观点。

续表

阅读技能	培养技能的搜索任务示例
评估以其他形式呈现的内容（例如，可视的、定量的）。	• 找出一张照片，它呈现了从上周六再也没有吃过东西的毛毛虫饿得饥肠辘辘的样子。 • 找到可以详细说明第三段和第四段中相关信息的一张图片。
确定论点的要素、优势和潜在的弱点。	• 找到支持作者观点的两个具体证据。 • 找出作者论点中你认为最薄弱的或经不起推敲的部分。
比较两个或两个以上的文本，找出在内容、目的和风格上的相同点和不同点。	• 读读这两个荒诞的故事，找出一些共同元素。 • 在第一篇文章中找到与第二篇文章一致的信息和有冲突的信息。

单句总结

单句总结（Single-Sentence Summaries，Silver & Boutz，2015）这个教学策略能够利用笔记和总结的力量使阅读变得更加有效。学生可以一边阅读一边做笔记，这些笔记经常以总结的形式出现（通常是对某个段落或几个段落的总结），而且很短，每个总结只有一句话。这种频繁和精炼地做总结的方式有助于培养学生做总结的习惯。随着时间的推移，在阅读过程中适时停下思考并记下要点的做法就会成为学生自然而然的习惯。

教师应向学生强调总结句不能照抄文本上的原句，这是非常重要的。学生应该用自己的话来做总结，并抓住他们认为最重要的信息。因此，在要求学生运用这个策略之前，教师要先帮助学生理解成功的总结句应该是怎么样的。例如，教师在做一个段落的单句总结时，可以给学生大声地示范其思考的过程。也可以让学生想象一下，如果作者就坐在他们身边，作者可能会怎么描述自己对于段落的主要想法。这一过程还可以通过其他教学方法来实现，包括：要求学生比较不同的总结句；要求学生画出他们认为应该出现在总结句中的关键词,并生成一些单句总结,让学生选择(并证明)他们认为最能总结段落的句子。为了让学生进一步适应这种强化理解能力的技能,可以考虑在阅读材料的右侧留出书写空间,以便学生能够对每一段进行总结。

阅读立场

有时,在我们努力确保学生对他们所阅读的文本有一个真切的理解时,却忽略了这样一个事实:阅读理解实际上是一个多方面综合的过程。更重要的是,如果过分强调事实或字面上的理解,就会有可能牺牲学生的参与度:阅读的巨大动力源自学生在阅读过程中形成的互动和反馈。阅读立场(Reading Stances,Langer,1994)是一种尊重阅读理解的真正动力的策略,因为这个策略能够促进学生对文本的理解。通过这些阅读立场,学生对文本生成了具有个性化的体验。以下是对四种阅读立场的概括。

> ☆ 字面上立场:字面上立场是读者对文本形成的初步印象。当他们读文字信息时,关注的只是字面上的意思:这个单词是什么意思?文本的主题或主旨是什么?关键事实是什么?
>
> ☆ 解释性立场:解释性立场是学生对文本的进一步解读,以寻求关于文本的内涵概念和文本主题的更深层意义。学生阅读文本"字里行间"的内容,并进行解释、推断和得出结论:我能从这篇文章中推断出什么?我认为_____是什么意思?文中隐含的主题或信息是什么?文章的字里行间隐含着什么意义?
>
> ☆ 个性化立场:个性化立场是读者将他们的个人经历与文本阅读联系起来,探索文本对读者产生的言外之意,以及文本与他们生活之间的关系,如:这篇文章和我自己的经历有什么关系?我该如何与这个主题建立联系?文章告诉了我什么?

☆ 批判性立场：批判性立场是学生以分析和批判的方式进行阅读，使用评价来质疑作者和文本。在阅读小说时，他们可能会问，作者在多大程度上有效地表达了主题、人物和故事情节？在阅读非小说类书籍时，他们可能会问，这些信息有多大用处？这份文本的准确性、完整性和客观性如何？

为了帮助学生理解阅读立场的目的和价值，这部分会明确地介绍四种立场并示范（例如，通过边思考边讲述）如何使用每种立场来探索文本的含义和回应文本。通过利用这些立场可以创设阅读后的问题，要求学生从文本中总结重要信息，以多种方式思考文本，表达自己的观点并加深对文本的理解，从而强化文本阅读后的持续拓展理解。表 5.2 给出了小说和非小说类文本在四种立场中的示例问题。请注意，这些示例问题也适用于电影、电视节目、戏剧活动、政治演讲和其他形式的文本。

表 5.2　小说和非小说类文本在四种阅读立场中的示例问题

阅读立场	小说	非小说
字面上立场	• 这个小说（故事）是关于什么的？ • 这个故事发生在哪里？ • 这个故事发生在什么时候？ • 主要角色和次要角色分别是谁？ • 文章写到了什么情况或问题？ • 最重要的事件有哪些？	• 这本（篇）书（文章、论文、博客文章等）的主题或主旨是什么？ • 文章的关键事实是什么？ • 文章传达的最重要的信息是什么？ • 你从中学到了什么？
解释性立场	• _____有什么意义？ • 文章隐含的主题或信息是什么？ • 关于标题、事件、引用、作者使用拟人手法等的意义是什么？ • 你会如何描述这种情绪？ • 这些角色展现了哪些特点？	• _____有什么意义？ • 你能从这篇文章中得出什么结论？ • 作者的态度、哲学观点、政治立场等是什么？ • 这部作品与其他相关的作品相比怎么样？

续表

阅读立场	小说	非小说
个性化立场	• 这与你的生活有相似之处吗？ • 你如何看待这篇文章的主题？ • 这篇文章让你有什么想法或感受吗？ • 如果你是××，你会怎么做？ • 你想问作者/××什么问题？	• 这篇文章让你想到了什么？ • 你同意作者的观点吗？ • 你被说服了吗？ • 它如何影响你的思维？ • 你还需要哪些额外信息？ • 你想问作者什么问题？
批判性立场	• 这篇文章最大的优点是什么？最大的缺点呢？ • 假设你是一位文学评论家，作者是否有效地表达了主题、描述了情境、发展了人物、烘托了氛围、展开了情节、达到了高潮呢？ • 作者如何有效地使用倒叙、讽刺、象征等手法？ • 你会把这部作品推荐给其他人吗？	• 这篇文章最大的优点是什么？最大的缺点呢？ • 这个作品的清晰度、准确性、完成度、客观性如何？ • 文章的结构是如何组织的？ • 作者如何有效地达到自己的目的（例如，告知或说服）？

让我们来看一个关于一年级学生阅读阿诺德·洛贝尔（Arnold Lobel）经典故事集《青蛙和蟾蜍是朋友》（*Frog and Toad Are Friends*）的例子。本单元以人际关系的研究为框架，可以使用的基本问题有：**谁是你真正的朋友？你又是如何知道的？** 以下列举了一些教师依据不同的立场提出的问题。

☆ 字面上立场：这些故事的主角是谁？故事发生的场所在哪里？

☆ 解释性立场：在这些故事中，是否有一个角色常常对另一个角色表现得像一个真正的朋友？在这些故事中，有没有一个角色表现得不像一个真正的朋友？请给出故事中的例子（证据）来解释和支持你的答案。

☆ 个性化立场：你想要哪种类型的人与你做朋友？这个人会是

> 什么样的？他或她有什么品质或特点吗？
>
> ☆ 批判性立场：作者运用的图片（插图）能帮助你更好地理解故事吗？请你解释一下。文本中还应该有更多的图片吗？如果应该有更多的图片，应该加在哪里呢？或者，文本中的图片应该少一点吗？如果是，你认为该删除哪些？为什么？

一旦你提出了与立场相关的问题，就可以要求学生解释他们的观点。同时告诉学生教师对他们的期望，即能够养成从文本中找到证据来支持观点的习惯。鼓励学生利用课堂讨论时间去探究答案，并引导学生通过后续的问题和提示来详细阐述和解释他们观点后面的文本证据或理据，例如，这是为什么？是什么让你得出那个想法/推论/解释/结论？文本中有什么证据表明了这个观点？还有其他的解释吗？你同意作者的观点吗？

最后有两个建议，能够让阅读立场这个策略在课堂上变得更有效。

1. 在教室的布告栏或海报上列出四种立场和问题示例，以此来提醒教师和学生经常使用。对于年龄小的学生，教师可以使用一些符号或卡通人物来形象地代表每种立场。

2. 提供一份讲义或一张书签（或让学生制作自己的书签），提纲式地列出四种立场和问题示例，鼓励学生在阅读时运用这四种立场。

意义阅读

意义阅读（Reading for Meaning, Silver, Morris, & Klein, 2010; Silver, Strong, & Perini, 2007）是一种综合性的阅读教学策略，能够为学生提供机会去练习和掌握高水平阅读者在阅读的三个阶段（阅读前、阅读中、阅读后）的具体做法。它特别适用于较短的文本（例如，论文、诗歌、初级文献、教科书章节和小说章节）。接下来让我们看看它是如何发挥作用的。

在阅读之前，学生先预读文本，并查阅一组关于这则文本的陈述，这有助于他们理解文本的内容和中心思想。这些由教师提供的陈述可能是正确的，也可能是错误的，还可能是开放性的解释。例如，请看表5.3中标记为"陈述"的中间列。学生在中学的社会研究课堂上阅读《葛底斯堡演说》之前，可以先读这五句话，再阅读文本，这样有助于学生提前对文本有一个整体感知。

在阅读过程中，学生利用这些陈述积极引导自己寻找重要信息并在文本中收集任何支持或挑战这些观点的内容。表5.3显示了一名学生从《葛底斯堡演说》中收集的文本证据，左边记录的信息似乎能够支持某些陈述，右边记录的信息似乎可以反驳另一些陈述。请注意，对于第一个陈述，学生分别收集了支持和反对该陈述的证据，这是一个能够促进内部辩论和积极阅读的契机。

在阅读之后，学生分组总结主要观点，对他们的陈述、预测以及他们搜集的文本证据进行回顾。小组要试着对每个陈述达成共识（例如："文本中的证据清楚地支持或反驳这个陈述，因为……"）。对学生不能达成一致意见的陈述，鼓励小组成员重写这句陈述，直到所有小组成员都同意这句陈述是完全支持文本还是反驳文本为止。

表5.3 意义阅读的示例：读《葛底斯堡演说》

支持陈述的证据	陈述	反驳陈述的证据
"我们来到这里，是要把这片土地的一部分献给那些曾经为这个国家的生存而献出自己生命的烈士作为最后的安息之所。"	演讲的主要目的是纪念那些参与战争、英勇牺牲的战士。	"我们这些还活着的人，要奉献于勇士们未竟之事业，继续向前。"
"如今我们正置身于一场伟大的内战中，它考验着我们的国家——或任何一个有理想、有献身精神的国家——能否长久地存在下去。"	林肯认为美国正处在一个十字路口。	

续表

支持陈述的证据	陈述	反驳陈述的证据
	林肯认为战争的结果只对美国产生影响。	"世人不会注意,也不会记住我们在这里说什么,但是他们永远无法忘记那些英雄们的行为……将永世长存(不会从地球上消失)。"
• "87年前"——过去 • "如今我们卷入了一场内战"——现在 • "不会从地球上消失"——未来	林肯带领读者进行了一次穿越时间的旅行。	
"那些活着的或者已经死去的、曾经在这里战斗过的英雄们使得这块土地成为神圣之土,其神圣远非我们的渺小之力可增减。世人……永远无法忘记那些英雄们的行为。"	林肯认为行动胜于空谈。	

总 结

如果你去问任何一位教师关于阅读理解的重要性——也就是仔细阅读文本,并使用文本证据来开展和支持对文本的理解这样是否很重要,那你可能会得到一个一致的答案:学生的成功完全取决于阅读。为了帮助学生培养这个基本的意义建构技能,我们仔细观察了具有优秀阅读能力的读者,研究了他们是如何在阅读中形成自己的理解的。更具体地来说,我们关注的是一个成功的读者如何在阅读前处理文本,如何在阅读中进行积极的、有目的的阅读,并如何在阅读后巩固所学内容。本章中的方法将帮助学生掌握熟练阅读的技能,使他们不断地从所阅读的文本中获得更多信息。

第 6 章

预测和假设

67 是什么与为什么

它是沉下去,还是漂起来?一年级的小学生都会急切地想要看教师把下一个物体放到一个装满水的大盆后会有什么结果。在检验这一个个物品之前,学生都会先对结果做一个预测:它是会沉下去,还是漂起来呢?当学生看到各种各样的物体在水中或漂浮起来,或沉入水底时,教室里就会时不时地爆发出阵阵尖叫。

一屋子六年级的小学生看到教师在课堂中站在地板上那个大大的数字"0"上,竟然跳起了太空漫步,教室里一下子就静下来了。教师说道:"我这'80年代的舞步'跳得可真不怎么好看吧?下面你们要做的就是猜猜看,我这太空步和要讲的这个单元有什么关系呢?"(原来答案就是:负数单元。)①

高中社会学专业的学生聚在一起,用自己收集的调查数据来验证他们的假设:减少社交媒体的使用能够降低学生的压力水平。他们正在激烈地讨论这些数据对他们团队的假设起了支持还是反对作用,以及他们是否需要更多的数据。

在以上这些场景中,学习者都在预测或生成假设,并进行验证。从这些

---

① 太空步是倒着走的,所以可联想到负数。——译者注

场景中，我们可以看到这两个思维技能会对学生起到指导作用。预测和假设都要求学生进行积极的意义建构及推测性思考，然后根据结果或新的证据来验证他们的观点是否正确。

那么，如果生成和验证观点的过程是预测和假设这两个思维过程的共同之处，那么它们有什么不同之处呢？让我们仔细看看这两个思维过程。

预测是在结果出现之前所进行的。人们平均每天要做几十个预测。有些预测是根据以前的经历自动产生的。比如，在出行的高峰时段遭遇下雨天气，在安排通勤时间时，我们会做出预测：这时的交通压力会比晴天或非高峰时更大，在路程上花的时间也会更长。还有一些预测是通过计算后得出的：作为频繁乘坐飞机的乘客，本书的两位作者都仔细研究了美国交通安全管理局（TSA）的机场安检路线，并试图避免与那些有婴儿车的乘客和不太经常搭乘飞机且不知道安检程序的乘客走同一条安检路线。预测也可能只是一个胡乱的猜测，就像一个新手在美国赌城拉斯维加斯玩轮盘下赌注一样。在面对不确定情形时，可能会产生更多具有决定性的预测，比如：在选择配偶或接受一份新工作时，我们必须做出一项影响人生的决定，这时就会产生更多的预测。在做这样的决定时，我们会用自己的经验和任何可以找到的证据来预测做出决定后会产生的结果（例如：婚姻将会圆满或者新工作会带来令人兴奋的挑战、更高的薪水和更大的满足感）。

当谈到预测在学校和生活中的重要性时，很少有人比朱迪·威利斯（Judy Willis）说得更清楚了。威利斯是一名权威认证的神经病理学家，他在从医20多年后离开了医学界，成为一名教师。以下是威利斯和同伴的一个观点：

通过观察、经验和反馈，大脑对世界的了解越来越多，对接下来会发生什么，如何应对新信息、新问题或新选择的预测也越来越准确。这种由模式识别引导的预测能力是成功读写、计算、考试、适当的社交情绪行为和理解的基础。成功的预测是大脑解决问题的最佳策略之一（McTighe & Willis, 2019, P.9）。

假设是怎样的呢？尽管假设和预测这两个术语经常可以互换使用——这

很可能是因为假设使我们能够做出预测——但它们不是同一件事。假设是提出一种解释，而不是预测结果。更具体地说，它"通常是一种不确定并且可验证的解释，可以解释这样的问题：为什么事情是这样的？或者为什么事情会这样发生？"（Flammer，Beard，Nelson，& Nickels，n.d.）。假设是不确定的，需要进行调查和验证。测试和调查的结果可以判断假设的有效性。（这些结果是支持了还是反驳了我的假设？）

关于假设的另一个常见的误解是它"只适合科学家"。尽管不同领域的人在定义假设时会略有不同，所产生的假设类型也不同，并且人们验证假设的方法也不同——例如：历史学家可能会通过查询原始文档来验证假设，科学家可能会通过实验，而考古学家可能会通过寻找古代器物——但产生和验证可能的解释的这个基本过程，在几乎所有的领域和学科中，在所有年龄段的人群中都适用。

当历史学家对"事情为什么会以这种方式发生"，做出有根据的猜测并进行研究来验证他们的观点时，他们就是在生成和验证假设。当一位广告主管猜测广告活动失败的原因并开始调查这些可能性时，他也是在生成和验证假设。当一个好奇的孩子试图找出一辆玩具车总是在斜坡上超过其他玩具车的原因时，这个孩子同样是在生成和验证假设。由此可见生成和验证假设的过程是普遍被使用并且存在普适价值的。因此在现实中应该非常重视教学假设的重要性，不仅仅将其运用到高年级的科学课堂中，也应该运用到所有的学科领域和所有的年级中。

教师应要求学生参与一些需要做出假设的活动，向学生展示出一些能够激发其好奇心的信息、观察结果或者现象，要求学生做出相应的解释，这种假设活动能够使学生获得许多益处。课堂上的假设活动能够更好地激发学生的好奇心，进而促进其主动思考和主动参与，引导深层的意义理解。因此，假设活动的训练能够培养有价值的和可迁移的思维技能，是提高学业成绩的有效策略（Dean et al.，2012）。

显然，预测和假设都是课堂内外的重要技能，但并不是所有的预测和假设都是一样的。合理的预测和充分的假设（而不是胡乱猜测和轻率的解释）

依靠的是模式识别和因果推理。将基于先前经验或积累数据的模式记录下来，我们可以推断未来可能发生的事情，做出相应的预测，或者对事件或现象产生的原因进行理论探索。

如何做

预测和假设可以有效地应用于各个年级和所有学科。如果教师努力让学生学习这些相关的思维技能，我们预测会获得以下益处。

> ☆ 在教学开始的时候使用预测和假设可以提升学生的注意力，并激发其好奇心。请学生在课程开始前大胆预测或提出假设，可以激发学生的兴趣，有助于他们梳理之前的知识，并让大脑为新的学习做好"准备"。它还可以作为一种强大的预评估技术（例如，对学生的误解进行解释）。
>
> ☆ 在整个教学过程中使用预测和假设可以激励学生更积极地参与课堂学习及进行更深层次的思考。教师在教学中运用预测和假设的技能，有助于学生进行模式识别和因果推理，能鼓励学生发展和评价自己的想法，以及开展进一步的研究和调查，促进深度理解的意义建构。

为了帮助你获得这些好处，我们提出以下四个教学策略。

1. 基于预测和假设的引子能够提供多种方式来吸引学生的注意力，激发他们的好奇心，有助于学生为学习新的内容做好准备。

2. 归纳学习要求学生分析特定的信息、寻找共性、对未来的学习做出明智的预测，从而让他们学习模式识别和预测。

3. 谜题活动要求学生拼凑线索，并利用这些线索来发展和支持合理的假设。

4. "如果……那么……"策略能够为产生假设、预测结果和验证想法设计一个简单的流程。

71 基于预测和假设的引子

在一堂课的开始，教师给出的一个好"引子"（hook）会激发学生的好奇心，鼓励学生回顾之前学过的知识，并让学生尝试建构意义——所有这些都在课程开始之前进行。虽然设计出好的引子有多种方法，但最有效的方法莫过于让学生自己进行预测或生成不确定的假设，并在课堂或单元学习时，验证这些假设。以下是一些基于预测和假设能够激发学生兴趣的方法或策略。

"如果……会怎样？"型问题是在一节课开始时提出的，要求学生利用现有的知识做出预测或假设，帮助建构未来的学习框架。以下是一些"如果……会怎样？"型问题的举例。

> ☆ 如果没有植物会怎样？预测一下你的生活将会有何不同。
>
> ☆ 如果负数不存在会怎样？
>
> ☆ 如果没有规则或法律来约束我们的行为会怎样？（这是用来导出小说《蝇王》的引子。）
>
> ☆ 如果美国宪法的制定者制定宪法是为了真正确保所有美国人的平等权利会怎样？
>
> ☆ 如果学校更强调提高学生的创造能力会怎样？

72

"是的，但这是为什么呢？"这类问题用来引发学生进行假设提问，要求学生深入思考那些通常被认为是理所当然的内容，又或者是学生想要进行简化的内容，思考其中的一些重要元素。例如，如果你问学生为什么液体能在吸管中上升，他们通常会回答，在吸管的上方吸气就能让液体上升。（"是的，但这是为什么呢？"其中一个原因是，吸吸管时，吸管内部的液体受到的空气压力要比吸管外部受到的空气压力小，这就造成了一种不平衡，导致更多的液体被迫进入吸管。）"是的，但这是为什么呢？"型的问题可以用于引导学生探索即将学习的内容。以下是这种类型问题的几个举例。

☆ 是的，有些动物冬眠，有些动物不冬眠，但这是为什么呢？

☆ 是的，除以 0 是不可能的，但这是为什么呢？

☆ 是的，《麦田里的守望者》在很多学校是被禁止阅读的，但这是为什么呢？

☆ 是的，用小调写出的歌曲通常听起来很悲伤，但这是为什么呢？

谜样问题；数据梳理。用一个令人感到困惑的问题，或令人感到惊讶的、神秘的、反常的数据来开始一堂课，能够激发学生好奇心，让他们自然而然地做出预测或假设。以下是这类问题的一些举例。

☆ 一名中学科学教师给学生展示了一幅蕨类植物化石的图片，同时还展示了一张地图，显示出在陆地上曾经发现过类似化石的地点。然后教师提出一个问题："怎么用这些证据来支持地球上现在的这些陆地，曾经是一个巨大的超级大陆的说法呢？"

☆ 一名美国历史教师要求学生就为何公众对美国介入越南的支持率在短短两年内就从近70%降至40%以下这一现象做出一些解释。

☆ 当一个五年级教师让学生预测，如果在地球的大气层中穿梭，上升到更高的高度时，温度会发生什么变化？大多数学生都预测温度会稳步上升（"因为你离太阳更近了"）。但是，有一些经历过在山上反而会感觉到冷的学生则预测相反的情况——也就是说，越高的地方气温越低。因此，当教师展示一个数据图（见图6.1），图中显示随着在地球大气层中高度的增加，温度既没有稳定地上升，也没有稳定地下降时，他们都感到困惑。在播放能够解释气温变化发生原因的视频之前，教师要求学生利用他们所学到的有关地球大气层的知识来做出一些可能的假设。

☆ 一个小学教师教学有关睡觉时间的单元时，他用下面的问题来吸引学生的兴趣："为什么我们需要睡觉？"接着请学生思考："如果允许你们想睡多晚就睡多晚，会发生什么？"

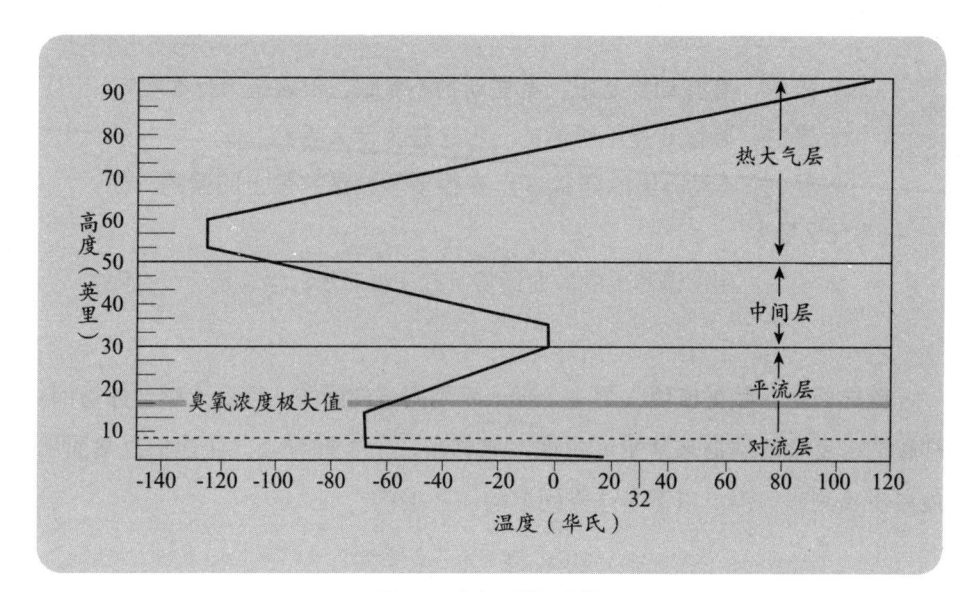

图 6.1　大气层的温度①

矛盾事件。意想不到的结果和反常的事件能够激起我们的好奇心，因为它们挑战了我们对世界和事物运作方式的理解。更好的是，从教学的角度来看，这些会促使学生针对发生了什么、为什么发生这类的问题做出假设。例如，一位中学科学教师开始一项关于结果出乎意料的调查：当把两个装满苏打水的罐子放到一个装了水的容器里时，观察到的现象是，即使两个罐子里的液体体积是一样的，但一个罐子会下沉，另一个会漂在水上。学生针对"两个罐子表现不同"的现象，提出问题，进行假设，并与其他同学分享自己的假设，教师把这些想法记录在黑板上。在本节课接下来的时间里，学生的任务是检验各种假设，找出造成不同结果的原因（造成这一现象的主要因素是糖。一个罐子里装的是普通的苏打水，另一个装的是无糖的苏打水，这两个罐子里的饮料虽然体积一样，但浓度不同）。为了扩展学习，教师要求学生用可能导致不同结果的其他变量进行实验。学生实验的因素包括盐度（向水中添加盐）、水温和容器的类型（例如，玻璃瓶和金属罐）。

水晶球法。要求学生通过观察一个水晶球来预测他们将要学习的内容，

---

① 1 英里约等于 1609.34 米，1 华氏度约等于 -17.22 摄氏度。——译者注

这个水晶球里有关于即将要讲的课程内容的具体事实或细节。课程开始的时候，在黑板上画出或在白板上投射出一个水晶球。在水晶球内，呈现与接下来要学习的课程相关的单词、短语或图片。利用水晶球里的内容，要求学生预测课程内容。为了增加悬念，使过程更具交互性，水晶球一次只呈现一个项目的内容，要求学生在每个项目呈现后改进预测。例如，在开始关于天气的一个单元之前，一个二年级的教师在白板上投射一个水晶球。每次单击，水晶球会显示一张新图片，帮助学生预测单元的主题。图片可以是厚重的外套、没有叶子的树、雨伞、太阳和温度计。一位高中英语教师展示《麦克白》第二幕中的 8 句台词，台词中的字会一个接一个地出现在她投射的水晶球上。根据这些台词，学生可以预测戏剧中会发生什么。然后，当他们读第二幕时，学生就可以收集证据来支持或否定自己之前做的预测了。

归纳学习

提高学生预测能力的一个方法就是教会他们进行归纳性思考。当学生能够分析少量信息并确定其中的模式时，他们做出正确合理预测的能力就会随之提高。归纳学习是在学者希尔达·塔巴（Hilda Taba）等人（Taba, Durkin, Fraenkel, & McNaughton, 1971）的开创性工作上发展起来的教学策略。它的目的是帮助学生学习使用归纳继而发现大概念并做出明智的预测。这个工具的一大优势在于，能够激励学生对正在学习的内容进行概念上的综述。这是一个大胆的教学行动，将对学生的理解产生巨大影响。要在课堂上使用归纳学习的策略，请遵循以下步骤。

1. 教师确定即将展示或进行教学的内容中的大概念（例如，阅读、课程或单元）。

2. 选择与大概念相关的 15—40 个具体的术语或短语。目标是将学生熟悉和不熟悉的术语打乱混合在一起。

3. 将各种术语分发给学生。要求学生查找出自己不熟悉的术语。

4. 将学生分成小组，让他们分析术语并探索信息分组的不同方式。如果学生对这个过程不熟悉，可以使用一个高度相关的主题（例如，杂货店里的商品）来示范这个过程。

5. 请学生将所有术语分组（请注意，学生可以将同一术语分进多个组）。引导学生为创建的每个组设计一个描述性标签，以反映出这个分组的大概念。小建议：鼓励学生多深入思考，不流于表面，寻找有趣的关系和方法，将最初的术语分组进行合并，形成更大、更具包容性的分组。

6. 请学生回顾术语小组和标签，并运用描述性标签对将要开展的学习进行预测。

7. 随着学习进程的推进，让学生收集证据，对自己之前的预测进行支持或反驳。学生应根据新的学习内容调整自己的预测。

教学理论专著《六个核心》（*The Core Six*）（Silver, Dewing, & Perini, 2012）中有一个场景，一位中学教师运用归纳学习的方法围绕密西西比平原的印第安人设计了一节课。在这门课上，要求学生建立自己对内容的概念性理解。她首先向学生介绍26个支持这堂课中心内容的特定术语。例如，为了帮助学生们发现农业对密西西比平原印第安人的重要性，她将南瓜和豆子等常用词汇与一些新的学术术语，如作物轮作和挖掘棒等混合在一起。请学生以小组合作的方式，分析26个术语，查找新术语，以及根据共同特征将术语组合在一起，创建新的分组，并设计出描述性标签，清楚地标识出分组项目的共同点。图6.2展示了其中一个学生小组生成的一套分组以及相应的描述性标签。

一旦学生形成大概念分组，教师就可以要求他们利用这些分组对密西西比平原的印第安人进行3个预测。画出图6.2的学生小组根据上面的分类和描述性标签，做出以下3个预测。

1. 密西西比平原的印第安人是农民。
2. 他们的衣服比我们已经了解到的早期殖民地时期的人更精致。
3. 他们相信有来生。

当学生继续学习关于密西西比平原印第安人的知识时，他们可以收集到足够的证据来证实或质疑之前做出的预测，并且在新学习内容的基础上调整自己的想法。

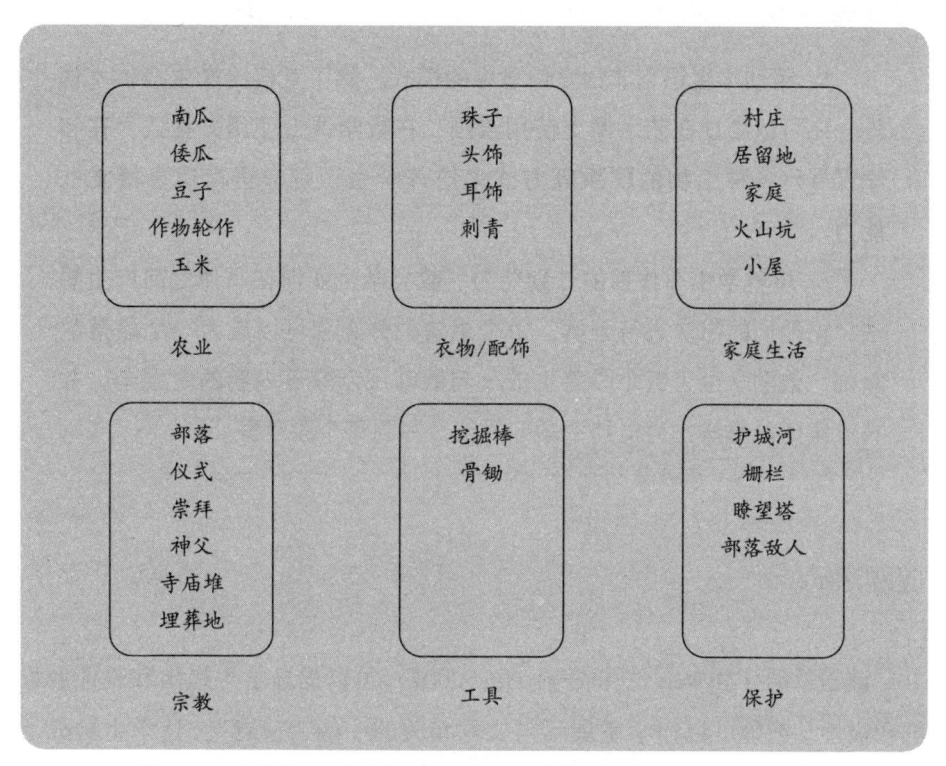

农业	衣物/配饰	家庭生活
南瓜 倭瓜 豆子 作物轮作 玉米	珠子 头饰 耳饰 刺青	村庄 居留地 家庭 火山坑 小屋

宗教	工具	保护
部落 仪式 崇拜 神父 寺庙堆 埋葬地	挖掘棒 骨锄	护城河 栅栏 瞭望塔 部落敌人

图 6.2 一个学生团队的分类组别和描述性标签:密西西比平原的印第安人

(Silver et al.,2012,P.30)

如前面的这个例子所示,归纳学习能够帮助学生理解意义,并在课程或单元学习开始之前生成预测。这是一种高度通用的策略,可灵活用于以下情况。

☆ 复习已经学过的内容。在学生学习一个单元快结束时,教师给出一些已经学过的术语,要求学生创建一个概念图,以展示他们对单元中大概念的理解以及支持这些大概念的各个细节的理解。

☆ 培养学生的分类能力。例如,一位小学教师组织学生对学校进行实地考察,让学生去寻找所有他们能找到的有机体或有机体的迹象。回到教室后,学生整理自己的发现,并与教师一起为能够识别的各种有机体建立分类系统。

> ☆ 帮助学生识别非语言信息中的模式。除了直接给学生提供术语外，还可以尝试在艺术课上使用绘画，在数学课上使用方程式，在科学课展示各种生物的群系等方式来培养学生识别非语言信息模式的能力。
>
> ☆ 培养学生写作前的计划能力。教会学生如何在写作之前产生想法，把他们的想法进行分类，每个想法的分组都可以成为一个段落的基础。鼓励学生为每个段落生成一句能够展示段落内容的主题句，并将收集到的想法作为支持主题句的细节写到每个段落里。

谜题活动

谜题活动（Mystery, Silver et al., 2007）可以提高学生提出和验证假设的积极性。教师可以向学生展示与文本相关的一些"谜题"，让学生挑战运用教师提供的"线索"给出和验证可能的解释。线索可以是各种形式（如数据表、图片、关键句），学生进行调查研究的对象也可以来自任何内容领域。比如一个科学教师，可能会要求学生去解开恐龙灭绝的谜团，而艺术教师可能会要求学生去找出为什么印象派（当时被艺术评论家痛恨的学派）运动是历史上最著名的艺术运动之一。

谜题活动课程的整体结构和程序类似于归纳学习课：学生分析信息，将相关信息组织到各个分组里，并为这些分组提供描述性标签。在谜题活动课程中，学生是分析和组合线索而不是术语，是提出假设而不是做出预测。教师也应该以不同的方式开始课程——更确切地说，将希望学生理解的事件、现象或概念改造成谜题。

例如，一位社会研究的教师希望学生了解是什么原因导致"大航海时代"的开始，他会用展示谜题的方式来鼓励学生进行探索，例如可以这样展示："在欧洲历史上，本来没有人真正努力地去探索海上的世界。为什么在

15 世纪突然出现了'探索大爆炸'?"

接着，教师把学生分组，并分发已经整理过的"线索"（一些小纸条，上面写着激发海上探索爆炸式增长的各种因素），教师指导学生将相关线索组合在一起，并使用这些组合，进一步做出"15 世纪对海上探索来说可谓天时地利"的初步假设。图 6.3 显示了一个学生团队生成的线索分组以及学生展开的相关假设。

还有一组学生进行了另外角度线索的分组，并提出了这样的假设：还有一些其他原因导致了海上探索的爆炸式增长，比如，扩大基督教信仰的范围、国家之间的竞争以及陆地贸易路线的丧失等。学生在课堂分享彼此的假设，并提供支持的"线索证据"之后，可以利用主题为"大航海时代"的课本知识，进一步验证和修改自己的假设。

线索 4：在哥伦布时代，地图制作已经十分复杂和准确了。

线索 9：星盘和航海罗盘这样的发明使得更长更困难的旅行成为可能。

线索 20：新式轻型帆船比以前的船更快、更利于航行。

我们得出假设：在 15 世纪进行海上探索，时机恰到好处，因为这个时期航海技术和制图的进步使更远、更安全的旅行成为可能。

图 6.3　一个学生团队做出的线索组合和假设（Silver et al., 2018, P. 213）

"如果……那么……"策略

各个领域的专家学者在研究中常常生成和验证假设，这个过程有助于建构意义和提出理念。但是许多学生把假设这个术语等同于猜测。"如果……那么……"策略能够清楚地展示什么才是真正的假设，并以提纲的方式简单展示假设生成和验证的过程。这个策略也包含了预测的功能，如学生能够预测出自己的假设可能会得到的结果，并验证这些结果。

要在课堂上使用这个策略,可以按照以下步骤。

1. 首先把学生的注意力集中在需要解释的现象上。(这些现象可以是学生直接观察到的,也可以是其他人观察到或报告过的,例如:最近食物过敏的人数不断增加。)接着,教师邀请学生对这些现象做出可能、可信的解释。

例如:学生参与学校小吃摊的挑战活动,增加了汉堡的销量。之后,一位高中的商务教师提醒学生关注利润率最低的汉堡(克兰代尔奶酪汉堡)的销量超过了菜单上高利润率汉堡这一个事实,并要求学生针对这一现象的原因给出可能的解释。

2. 教师可以请学生提出不同的解释,并与全班同学分享解释。同时教给学生这些提出的解释,就是我们所说的假设。

例如:

假设1:克兰代尔奶酪汉堡的销量超过了其他汉堡,因为它是菜单上列出的第一种汉堡。

假设2:克兰代尔奶酪汉堡的销量超过其他汉堡是因为这种汉堡的价格最低。

假设3:克兰代尔奶酪汉堡的销量超过其他汉堡是因为在菜单上它是唯一有彩色照片的汉堡。

3. 生成(或激励学生去生成)一种或多种方法验证他们的假设。提示学生验证假设可以通过不同的方法,包括实验、观察、计算或分析现有数据。

例如:学生可能提出各种方法验证自己提出的假设,如交换菜单上汉堡的位置,对所有汉堡定价相同,在菜单上添加其他汉堡的照片等。

4. 如果有必要,帮助学生完善和改进他们提出的实验或测试的设计。

5. 如果假设是正确的话,要求学生继续预测他们提出的测试或实验的结果会是怎么样的。预测可以使用"如果……那么……"的格式进行表示,举例如下。

如果配有<u>商品的彩色照片会增加销量</u>这个想法是正确的,

(假设)

那么我们可以为那些高利润汉堡配上相应的彩色照片，
　　　　　　　　（验证）
这样可能会增加高利润汉堡的销量。
　　　　　（预测结果）

6. 要求学生实施自己提出的测试或实验，并记录结果。如果由于资源、技能水平或其他因素的限制，提出的实验无法实施，教师应向学生提供可以分析和使用的样本数据以完成步骤7。

7. 询问学生在第5步中的预测是否正确。如果正确，学生应该得出结论：实验数据支持他们的假设。如果预测不正确，学生可以修改这个假设，并解释产生这个结果的原因，或者生成一个全新的假设。

总　结

预测和假设是人类赖以生存的基本思维技能。通过使用本章介绍的策略，教师要求学生做出预测和进行解释，或做出假设和进行验证。这样做能使学生在观察、因果推理、归纳思考、模式分析和论证的过程中产生兴趣。运用这些有价值的思考策略有助于深度学习并且能够让课堂内容变得更加生动。

第 7 章

可视化

和图示表征

是什么与为什么

回想一下你在高中时的岁月。

这不是玩笑，我们很认真地邀请你进行回忆。

闭上眼睛也许能帮你更好地回忆起那时的一些事。这很重要，我们可以打个赌。

这样你能回忆起那时的一些事吗？很好，让我们看看是否赢了这个赌约。

我们并不是赌徒，但这是一个大家都愿意下的赌注：我们打赌你脑海中检索到的记忆都是以"图像"（image）的形式出现的。这是一个对高概率事件下的赌注，因为人们理解和保存重要信息通常是靠在大脑中建立一个能够抓住信息要点的心理模型。这就是可视化在课堂上如此重要的原因：可视化利用了大脑运作的神奇功能，同时抓住了大脑建构意义的特点。参考了脑科学研究员约翰·梅迪纳（John Medina，2008）的研究结果之后，《有效的课堂教学》（*Classroom Instruction That Works*）一书的作者解释道：非言语策略"之所以强大是因为它们能够利用学生在视觉图像处理上的天生能力，这能够帮助他们建构在相关内容上的意义和技能，这样在未来就会拥有更强的回忆能力"（Dean et al.，2012，P. 64）。而且，在之后关于课堂非语言表征应用的相关研究中，研究结果显示非语言表征对学生的学业成绩有显著的积极影响（Beesley & Apthorp，2010；Dean et al.，2012）。

采用可视化的方式能够提高学生意义建构的能力，意义建构能力与"双重编码"有关（Paivio，1990）。有一句老话："三个臭皮匠，顶个诸葛亮"，能够描述双重编码的重要性，还有一句重要的补充："……尤其是当两者合二为一的时候。"双重编码之所以行之有效，是因为针对同一信息，大脑既接收到图像的刺激，也接收到文字刺激。当这两者相互协作时，彼此都增加了力量，双重编码能有效增强学生对所学知识的理解和记忆。

更概括地说，可视化有助于意义的建构，因为可视化的过程就是把信息转换为视觉形式的过程，这需要学习者的主动参与。另外还需要记住，可视化不仅仅包括图片和符号。图形组织者也是一种可以大大提高学习效果的非语言表达方式。在本章中，我们将通过运用图像和影像以及支持非语言表征的图形组织者来探索如何进行可视化。

如何做

可视化的作用是如此强大，那么教师围绕可视化可以做些什么呢？教师怎样用可视化来提高学生的意义建构能力呢？教师如何将可视化和图示表征融入日常教学而不改变现在的教学实践？为了回答这些问题，我们提供了以下五个实用的教学策略。有意识地将这些策略应用到课堂上将使教师和学生掌握可视化和图示表征的意义建构能力。

1. 展示与阐述并行，这只是一个简单的提醒。提醒教师特别是在课堂展示和对话中解释和讨论一些图片的时候，注意精心挑选的图片会对学生的理解产生的影响。

2. 屏幕分区能帮助教师将双重编码无缝整合到课堂演示和学习体验中。在教学中，让学生挑战使用图像和文字处理新的学习内容，就能帮助实现双重编码无缝整合。

3. 心灵之窗能提高学生的阅读理解能力。教师应教会学生如何在阅读前想象，将文本变成图像，然后利用这些图像深入理解文本。

4. 词汇可视化能促进学生对关键概念、专业术语的深入理解。教师可以要求学生接受挑战将指定词语转换成符号或图示，然后解释这些符号或图示是如何表示词语的重要信息的。

5. 图形组织者能够以可视化的方式排列所学信息，帮助学生看到所学内容的全貌以及重要内容块之间的关系。

展示与阐述并行

人们都知道"一图胜千语"这个道理。那些脑科学研究者也有类似的研究结论，梅迪纳指出："简单地说，输入的信息越形象，就越容易被识别和回忆。"（Medina，2018，P.233）"展示与阐述并行"这一策略希望能够鼓励教师牢记"一图胜千语"这个道理，将相关的图片融入他们的课堂教学，并解释所选择的图片与教学内容之间的关系。例如，如果你正在讲授**互利共生**的概念（当两个不同物种的有机体在一起生活，每个有机体都可以从这种关系中受益），你可以通过展示一幅图片来帮助学生更加形象地理解这个概念，如图7.1所示。这幅图展示了互利共生的抽象概念：鸟儿从犀牛的皮上获取食物，犀牛身上的害虫同时得到控制，通过这幅图学生可以真正理解这个概念。如果要求学生根据图片解释这个概念，而不是由教师来进行解释，那么学生对概念的理解将变得更加深刻。

教师可以平时注意寻找能够运用到课堂演示中的图像，以阐明你希望学生理解的关键概念。也可以邀请学生自己创建图像，下一部分将讲述具体方法。

图 7.1　互利共生概念的可视化

屏幕分区

教师要求学生自己创建图像，并解释这些图像如何代表自己的理解，这将使可视化实现更大的价值。"屏幕分区"（Split Screen，Silver et al.，2018）的策略能够帮助学生先通过图像再通过言语来处理和编码新的学习内容。屏幕分区能使课堂教学变得更加生动、有意义。

要在课堂上使用屏幕分区，可以按照以下基本步骤。

1. 教师将课堂展示的信息组织成有意义的板块。例如，一场关于中国长城的演讲可以分为以下四个部分：（1）谁建造了长城？（2）长城是如何建造起来的？（3）为什么建造长城？（4）长城为什么如此了不起？

2. 当教师要呈现单个内容板块时，可以停下来指导学生。让他们思考最重要的内容以及如何用可视化的形式表达这些内容。给学生一到两分钟的时间，让他们在一个屏幕分区组织图上画出他们的想法（见图7.2）。

3. 学生完成绘画后，允许他们两人一组或多人一组在一起比较图像，猜测彼此的图像代表什么，并讨论他们试图在草图中得到的重要概念（内容）。

4. 要求学生在草图的右边栏中解释他们画的图像是如何概括出重要内容和细节的。

5. 重复步骤2—4，直到所有的信息块都加以呈现和处理了。

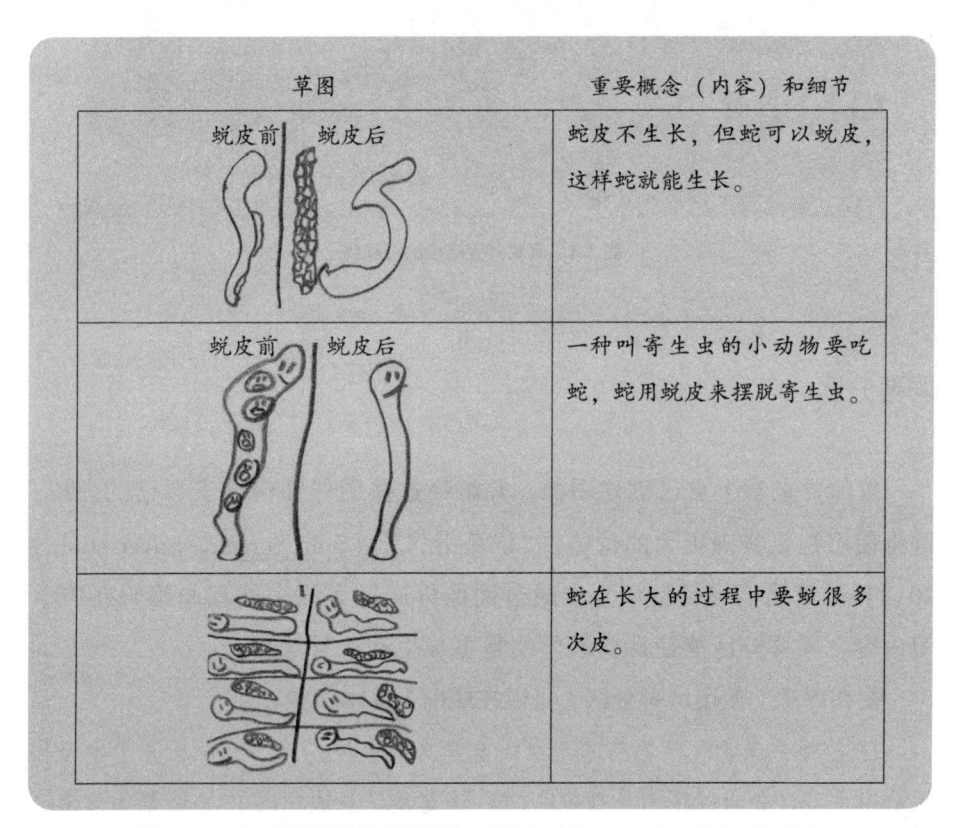

草图	重要概念（内容）和细节
蜕皮前　蜕皮后	蛇皮不生长，但蛇可以蜕皮，这样蛇就能生长。
蜕皮前　蜕皮后	一种叫寄生虫的小动物要吃蛇，蛇用蜕皮来摆脱寄生虫。
	蛇在长大的过程中要蜕很多次皮。

图7.2　一名二年级学生的分屏笔记：蛇蜕皮（Silver et al., 2018, P.136）

在介绍这个策略时，需要花时间教会学生如何使用图像而不是文字来做笔记。教师应向学生示范如何以图像获取具体内容块中的重要概念（内容）。至关重要的是，学生要理解图像创作的真正目的——不是画出每个细节，而是画出简单的图像来获得重要概念（内容）。图7.2显示了一个二年级学生的分屏笔记。注意这个学生是如何画出关于蛇蜕皮的重要内容，然后又在图的右栏对每一张图片做出解释的。显然，这个学生对这个内容的相关重要信息理解深刻。

心灵之窗

阅读时建构心理图像的能力对阅读理解有显著的积极影响（Wilhelm，2012）。心灵之窗（Mind's Eye，Silver et al.，2018；Brownlie & Silver，1995；Pressley，1979）是一种教学工具，能够帮助学生在阅读之前创建出脑海中的图像，然后在阅读过程中利用这些图像促进理解和意义建构。心灵之窗也是一个很好的参与助推器，因为它可以增加学生对阅读文本的兴趣，并形成一个阅读的驱动目标。心灵之窗这个工具最适合用于中短篇文本（如短篇小说、寓言、小说章节）和情节驱动的非虚构类文本（如传记、自传或回忆录的节选）。

在要求学生阅读之前，教师可以从文本中挑选10—20个关键词或短语。选择的词和短语应该包含视觉或其他感官处理的信息，帮助学生在脑海中描绘文本。这些词还应该是揭示文本关键点的信息（例如，与地点相关的词和短语：热带岛屿、帆船和椰子；与个人特点相关的词和短语：衣着华丽、傲慢、自负；还有一些与行动相关的词：尖叫、欺骗、逃命等）。教师清晰地朗读每一个单词或短语，适当地增加重音、音效或情感。与此同时，学生闭上眼睛，试着在脑海中想象这些画面。学生根据听到的词调整他们心中的图像。基于所选的词，学生在脑海中创造出文本"电影"，然后可从以下活动列表中选择一个或多个参与。

1. 描述脑海中的电影里的一个场景。

2. 关于这个故事，提出一些疑问。

3. 描述头脑中的图像所唤起的感受或与个人有关联的情况。①

4. 对故事进行预测。

例如，教师在要求三年级学生阅读芭芭拉·库尼（Barbara Cooney）的经典儿童图书《花婆婆》（*Miss Rumphius*）之前，会给学生读一组关键词。学生边听边用这些词在心中创造电影画面，完成心灵之窗的相关活动。图7.3 展示了一名学生完成的心灵之窗的组织图。

关键词：祖父、画家、故事、图书馆、书、帆船、遥远的地方、热带岛屿、沙滩、椰子树、山、丛林、狮子、海边的房子、朋友、疯狂、种子、花、美丽、快乐

心灵之窗组织图

文本名称：《花婆婆》	作者：芭芭拉·库尼
图像	**感受与个人关联** 我感觉很平静。有许多词，如沙滩、图书馆、美丽以及快乐，都使我感到很平静。
问题 人们觉得花婆婆疯了吗？为什么他们会这么认为呢？	**预测** 我认为花婆婆可能会去冲浪或去遥远的地方旅行，如热带岛屿和丛林。或许她会通过在图书馆进行阅读想象的方式游历这些地方。

图7.3 学生心灵之窗组织图：《花婆婆》（Silver et al., 2018, P.131）

---

① 英文原书的第3条为"对故事进行预测"，第4条为"描述头脑中的图像所唤起的感受或与个人有关联的情况"，此处根据图7.3调整了顺序。——译者注

这样，学生就为主动阅读做好了前期准备，可以带着目标阅读文本：寻找问题的答案，评估自己的图像和预测的准确性，并思考自己对故事的感受是如何产生变化的。

词汇可视化

词汇习得的研究强调词汇教学应作为概念来教，词汇并不是仅仅去记忆，这是很重要的（Marzano，2009）。词汇习得的效果可以通过可视化的方式来增强，更具体地说，学生对重要词汇概念的理解可以通过创建图像的方式来表示。比如：这个术语的关键属性是什么？学生如何才能更好地表现它的一个或多个属性？词汇可视化（Visualizing Vocabulary，Silver et al.，2018）使学生在学习概念和术语时能够做到费心思量、仔细斟酌——将自己的理解转化为图像或符号，然后解释为什么这些图像或符号能很好地代表他们所学的内容。词汇可视化这个方法还使学习具有个性化，因为学生生成的图像代表他们自己的理解，而不是教科书或教师告诉他们的。在学生学习新词汇的过程中，建构这种个人的意义尤其有益（Dean et al.，2012）。例如，一个小学生使用这个工具进行可视化表达并解释他自己对自由一词的理解（见图7.4）。

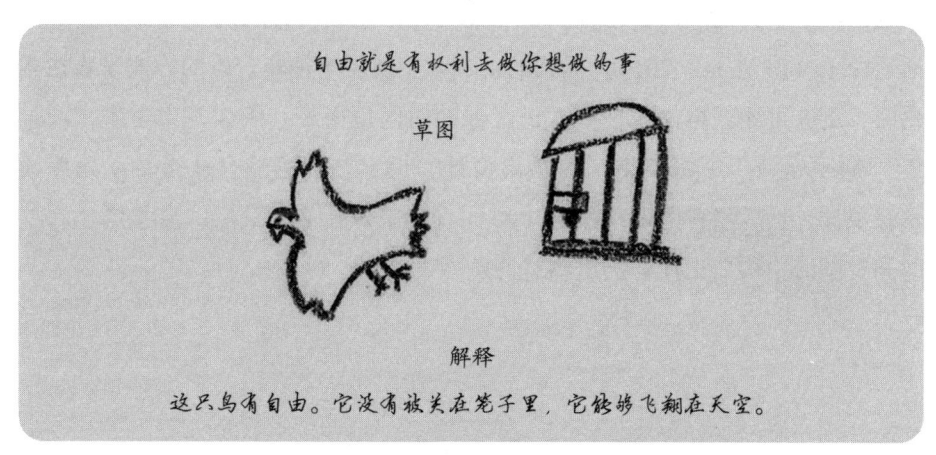

图7.4　一名小学生用可视化的方式解释"自由"一词

（Thoughtful Education Press，2008，P.39）

教师可以使用"词汇可视化"特别关注几个重要的概念，也可以更系统地使用"词汇可视化"，帮助学生理解一个单元中的多个学术术语。为了使用这个工具时能与整个单元的学术术语有效结合，请按照下列步骤操作。

1. 找出本单元中最重要的概念和学术术语。教师应关注重要概念和学术术语，而不是每一个新词语。

2. 提供或让学生创建五栏词汇表（见图7.5）。填入术语，让学生写出每个术语在教科书中或在字典中的定义。

3. 当学生对每一个术语有更多的了解时，鼓励他们用自己的话改写这个定义。

4. 告诉学生，一旦他们对这个术语有了准确的理解，就可以去创造一个（些）图像或符号来代表这个术语，并解释为什么这个（些）图像或符号能够很好地代表这个术语。

5. 要求学生在小组内或在全班分享他们的图片（符号）和解释。如果学生愿意的话，请他们修改自己的图片（符号）和解释。

6. 鼓励学生使用这些术语作为学习指南。

最后，请记住，除了可视化的方法之外，其他非言语表达形式也可以用于加深学生对关键词汇的理解。正如集教育作家和教育顾问于一身的贝齐·斯通博士（Bj Stone, 2016）提到的，当学生使用多种非言语的方式来表达术语时，更有可能获得深入理解，记忆保持时间也更长。例如，当学生学习词汇"defenestrate"（将某个东西扔出窗外）时，教师可能会从运动学角度演示该单词，然后用草图表现出这个单词看起来像什么。最后，会给学生一些时间在脑海中构造出他们扔出物体的画面。

术语	教科书中的定义	我的定义	图片/符号/图标	解释
叙事	一种电影结构，选择内容后将其按顺序排列。	电影的故事或情节。		我在屏幕上画了一本书，表明这部电影在讲述一个故事，这就叫叙事。
现实主义	关注现实或真实的情况。	聚焦于现实生活和人们真实生活的一种电影制作风格。		我画了一个普通人站在普通的房子外面，旁边的镜子反射出这些，因为现实主义反映或显示真实的生活。

图7.5 词汇可视化：漫话电影（节选）

图形组织者

如同图片丰富的说明书一样，图形组织者也可以利用可视化的方法激发人自然的学习能力。但是，图形组织者不是用符号、标志或图片来增强理解，它更像是一幅有内容的地图，为学生提供一个可视化的、整体的事实或概念，以及展现它们在一个整体框架内的关系。图形组织者有多种形式，并且用途广泛。一般说来它们有以下用途。

☆ 以更具体的形式表示抽象的信息。
☆ 描述事实和概念之间的关系。
☆ 将新知识与已有知识联系起来。
☆ 将教与学的重点放在最重要的概念上。
☆ 提出概念，组织想法，以进行口语演练、写作练习和多媒体演示。

使用图形组织者有助于学生进行意义建构，并促进其对关键内容的深入理解——通过提问和总结的方法加深理解。在本部分的内容中，我们将仔细研究四种不同类型的图形组织者：高级组织图、故事导图、概念导图和学生生成的视觉组织图（第五种图形组织者是在第3章讨论过的思维网图）。

高级组织图为学习者提供了一个基本框架，显示了学生将要学习的主要内容。学生使用高级组织图能够将新信息整合到更大的框架中，并增强他们对内容的理解。以下这个例子可以充分显示高级组织图的重要性。回想一下你是怎样学习美国宪法的，你记得什么？如果历史教师用图7.6的高级组织图向学生展示美国宪法的组成部分，效果会怎么样？

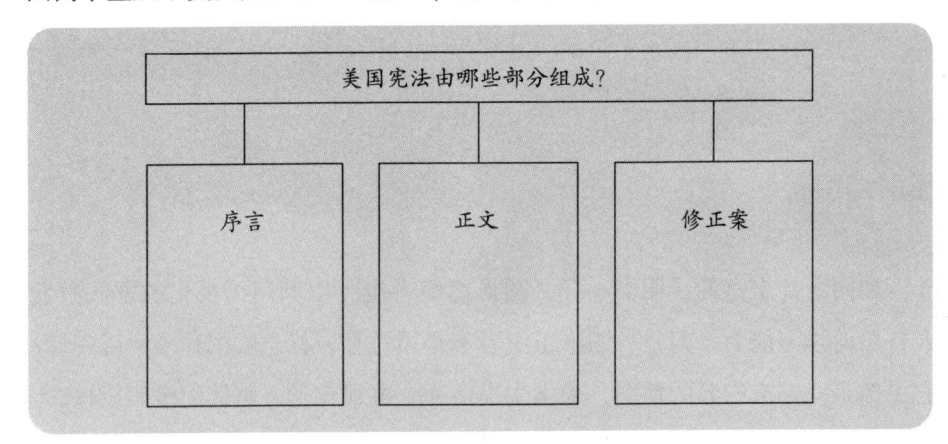

图7.6 展示美国宪法组成部分的高级组织图

现在想象一下，这个高级组织图能够在教师教学之前、教学期间和教学之后引导学生学习，因此……

> ☆ 在进入正式的教学内容之前，教师展示高级组织图能够帮助学生了解将要学习的内容的结构。
> ☆ 在教学过程中，教师在每块信息之间停下来，让学生有机会去收集相关信息并填入空白处，以便之后复习笔记对其进行校对或获得新的见解，以及对每个信息块提出有价值的问题，帮助学生深入学习新内容。
> ☆ 教学之后，教师要求学生复习所学内容，并用自己的话进行总结。

这种用清晰的信息块梳理教学内容的方式，伴随着持续的形成性评价，将对学生的意义理解产生巨大影响（Schmoker，2018）。此过程的重点在于让学生使用的组织图类型要与教学内容的具体特性对应起来。例如，如果学生要学习昆虫和蜘蛛之间的关键相似点和不同点，就要选择一个比较类型的组织图；如果要讲解线性方程组的程序，就要选择流程图或序列组织图。目前最常见的组织图都可以在网上①找到。

故事导图是第二种类型的图形组织者（见图7.7），故事导图能够引导学生学会叙事结构内容，能够清晰显现出故事中完整的设计元素，可以用来帮助各个年级的学生理解各种形式的故事：书本上的故事、别人讲述的故事，以及电影、电视里的故事等。故事导图还可以用于培养写作技能，指导学生计划和创作自己的小说和叙事作品。

根据教学目标和学生的年龄，故事导图可以以多种方式进行调整。例如，一位教师通过故事导图要求学生把注意力集中在故事的情节发展上，在故事导图中突出那些关键事件和关键意义。教师将故事导图分为八个方格，每个方格内都有一个问题，需要学生填写。

---

① 例如，世界领先的教育研究机构之一的 McREL International 收集了最常用的组织图，下载链接为：http://www.ascd.org/ASCD/pdf/books/dean2012_downloads.pdf。

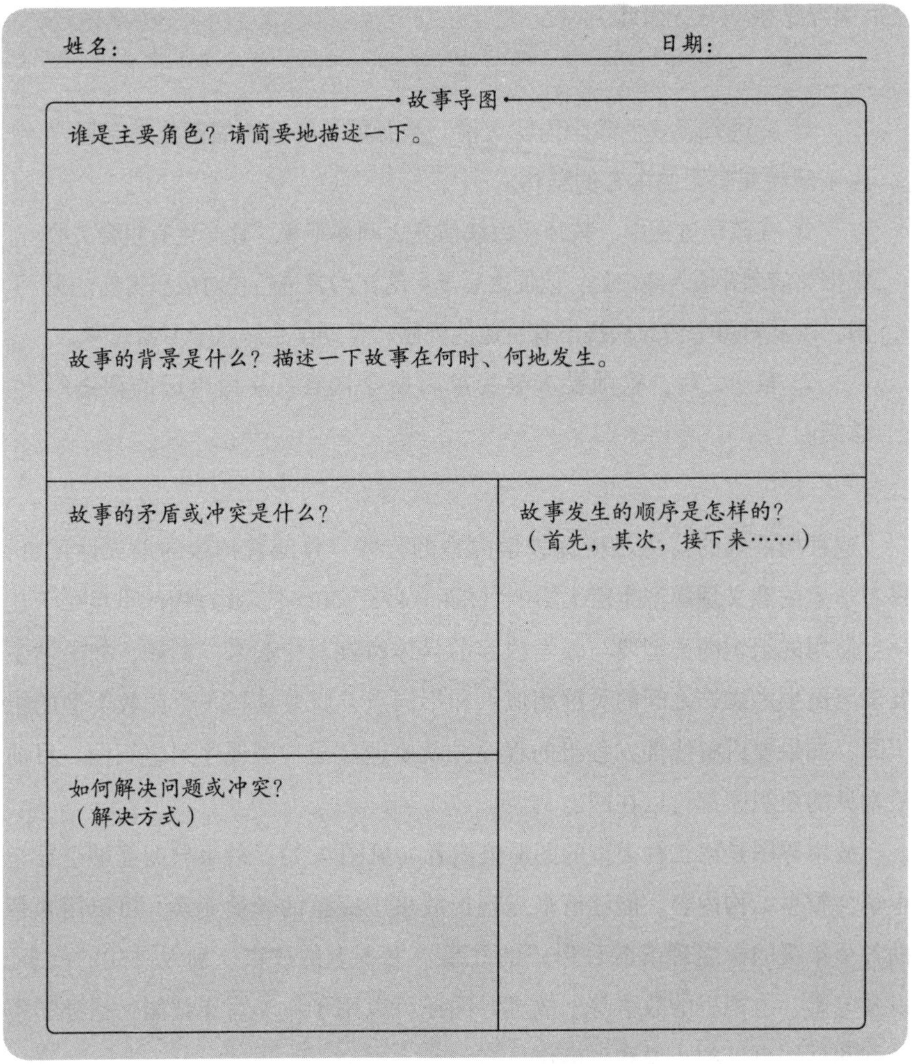

| 姓名： | 日期： |

故事导图

谁是主要角色？请简要地描述一下。

故事的背景是什么？描述一下故事在何时、何地发生。

故事的矛盾或冲突是什么？

故事发生的顺序是怎样的？
（首先，其次，接下来……）

如何解决问题或冲突？
（解决方式）

图 7.7　故事导图（Silver et al., 2015, P.73）

概念导图是图形组织者的第三种类型，能够指导学生像专家一样去组织概念和吸收新知识，"围绕核心概念或'大概念'在相应领域指导学生思考问题"（National Research Council, 2000, P.36）。最后，专家以及像专家一样进行思考的学生，可以更好地存储和调用相关知识。他们不仅能在需要时灵活运用知识，而且能够将知识迁移到不同情境中去。

当遇到复杂或抽象的材料时，概念导图能够十分有效地帮助学生进行意义建构。教会学生如何使用概念导图，即要教会他们如何从常规（高级）概念开始按层次排列下级概念并用连线的方式使概念之间的关系清晰化，更重要的是学会使用能够解释每组关系的词语。图7.8展示了学生在学习公制度量时创建的概念导图。请注意，导图的顶部是常规概念：物质，与下级概念之间的关系用线连接，并用文字进行简要说明。

概念导图可以有多种使用方式。可以由教师开发并用作高级组织图，或者由学生创建，学生画出概念导图以帮助他们建构意义、表达想法并进行综合学习。学生自己创建概念导图能够揭示学生学习的准确性、完整性以及学习概念上的连贯性，便于教师进行有效的评估。

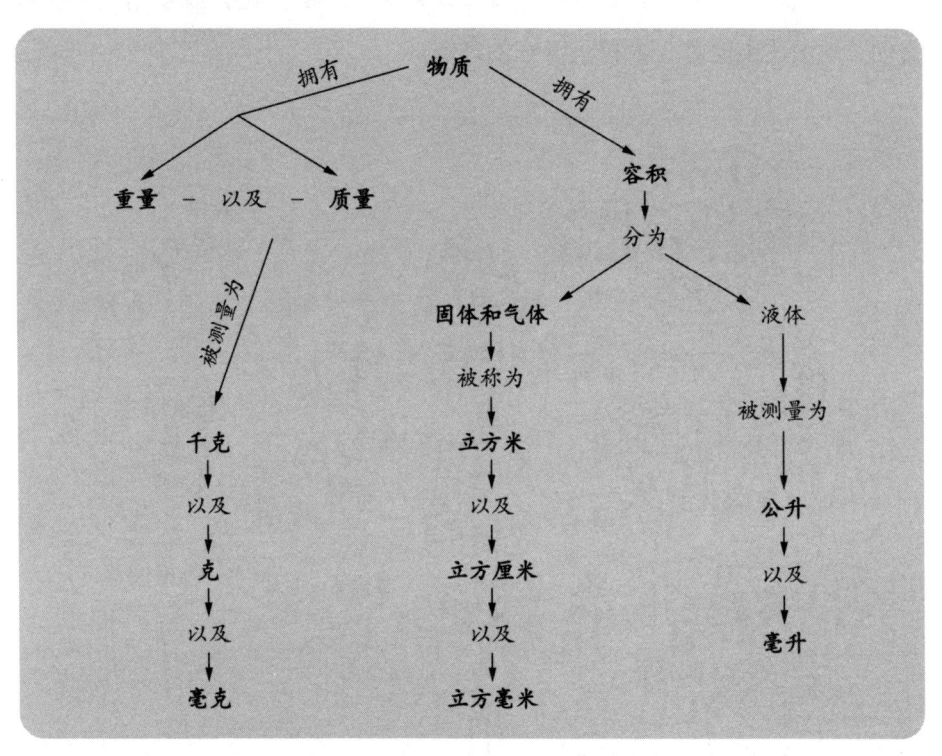

图7.8　公制度量概念导图

本质上，概念导图就是思维导图。教师有很多种预先设计好的思维导图可以使用。例如，视觉学习专家大卫·黑尔和他的同伴创建了一套思维导图

（Hyerle & Yeager，2017），代表了不同的思维过程，学生也可以用来建构意义和描述重要思想。

学生生成的视觉组织图是我们讨论的最后一种图形组织者。尽管既定的图形组织者和思维导图代表了呈现信息和思想可以采取的一些最常见形式，但重要的是要记住意义建构是一种高度个人化的行为，而且越是个人化，就意味着个人对意义的理解越深刻。应该允许并鼓励学生为各种目的创建自己的图形组织者，包括做笔记、复习和综合，用符号代表抽象概念以及对概念进行概括。通过这样做，学生可以根据他们独特的思维方式积极地进行新内容的意义建构。

图 7.9 展示了一个学生在学习《人权法案》的过程中经历了顿悟后所画出的视觉组织图。他找到了一种建构"权利花园"的方法，既使用文字又富有创意地阐述了他对《人权法案》的理解。

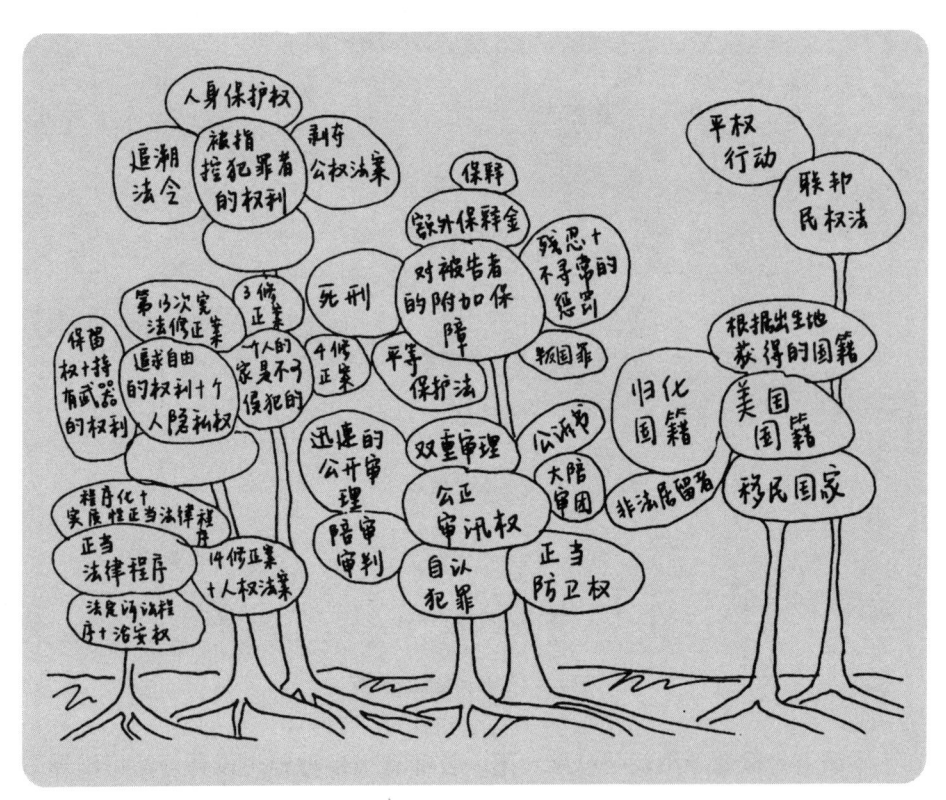

图 7.9　学生生成的视觉组织图：权利花园（Silver et al.，2000, P.36）

无论教师在课堂中使用哪种类型的图形组织者，重要的是教会学生自如地使用工具进行意义建构。时刻记住这个目标，按照下面的教学方法循序渐进。

1. 让学生熟悉信息可以组织而成的最常见结构，以及能够适合各种内容结构的组织框架（例如，主题–副主题组织图、序列组织图、因果组织图、概念导图）。

2. 向学生介绍新的学习内容（例如，阅读材料）。请他们预览内容，将其与组织框架进行比较，然后确定最适合材料内容的框架。

3. 请学生分享和解释他们的选择。提醒他们根据具体的内容考察自己的选择（例如：“我认为比较框架是最好的选择，因为文本解释了短吻鳄和普通鳄鱼的相同点和不同点。”）。

4. 与学生一起使用（或创造）适当的图形组织者来收集重要信息。鼓励学生不断地问自己相关信息应该归属于图形组织者的何处，并考虑是否需要以任何方式修改图形组织者来容纳新信息。

5. 请学生回顾已完成的图形组织者。可以让学生问问自己：我掌握所有重要信息了吗？我对文本是否有一个宏观的理解？如果没有，我还有什么不确定、不清楚的地方吗？

6. 经常运用这个步骤，学生才能越来越熟悉识别信息的结构方式并利用图形组织者来建构意义。

总　结

俗话说：一图胜千言。虽然这不一定是真的，但其背后的含义是指，我们的大脑可以储存很多以可视化信息的方式存在的意义，尤其是我们自己通过可视化建构出的信息。但可视化并不仅仅是创建内心的图像，它还是一种组织和表征信息的方式，这种方式能使信息之间的关系清晰明了。通过使用本章中的工具能够帮助学生建立可视化表达的能力，教师可以利用人类这种独特的能力使复杂的信息可视化，让信息更容易理解。

第 8 章

集思广益

和移情理解

99 是什么与为什么

熟悉查尔斯·狄更斯（Charles Dickens）经典小说《圣诞颂歌》（A Christmas Carol）的人会记得书中的主人公埃比尼泽·斯克鲁奇（Ebenezer Scrooge），他是一个吝啬的厌世者，然而，他的人生观在一夜之间被三个幽灵改变了。狄更斯笔下的幽灵帮助斯克鲁奇，让他从更广阔的视野看待世界和认清自己的位置，并点燃了主人公做个善良的人的意愿。这三个幽灵就是利用了人类特有的两种能力：集思广益和移情理解，以此来实现这一转变。

三个幽灵用集思广益改变了主人公斯克鲁奇的想法。他们先向主人公展示他自己过去的片段，揭示大多数伦敦人当时的生活，并预测未来可能发生的事。这一切使得斯克鲁奇从之前自私狭隘的视野中脱离。同时，三个幽灵使用移情理解改变了他的内心。对于斯克鲁奇来说，重新经历一次失去挚爱的痛苦，感受与家人共进晚餐的温暖，承受孩子去世带来的悲痛，这些都有助于他再次"感受"人生。幽灵向斯克鲁奇展示了这些事情，因为他们非常清楚——或者更准确地来说，狄更斯非常清楚——每个人都会与他人产生共情。

集思广益和移情理解（perspective and empathy）都涉及人类摆脱自我意识的框架、探索不同观点的能力，但又有区别。让我们分别来了解二者，先从集思广益开始。

用不同观点进行思考是一种基于分析和评估能力的批判性思维。重视集思广益的思考者会意识到,往往第一反应可能会受到有限信息或无意识偏见的影响,因此,他们通常不会急于做出判断,而是在得出结论之前努力地寻找和思考不同的观点。威金斯和麦克泰(Wiggins & McTighe,2005,P.96)通过以下这些相关问题来描述这种能力。

集思广益涉及这样一些问题:从另一个角度看会是怎样的?例如,评论者会如何看待事物?从谁的角度来看?从哪个有利情形来看这件事?需要明确和考虑的假设是什么?什么是合理的或恰当的?这是确凿的证据吗?事件是否合理?这个想法的优缺点是什么?这是可信的吗?它的局限是什么?然后呢?

集思广益要求我们思想解放,能够仔细考虑那些与我们想法不同的观点。当学生有了自己的观点,他们就能远离那些不仔细、不谨慎的人,也就远离了那些习惯性思维和下意识反应。我们能够在几乎所有当代学术标准中看到不同视角的重要性。例如,各种各样系统的科学标准,包括:美国国家科学教育标准(*National Science Education Standards*)和新一代科学教育标准(*Next Generation Science Standards*),都要求学习者能够从科学技术和工程技术的角度来思考科学进步的社会和伦理意义。

集思广益具有批判性、分析性的特点,能够远距离冷静地看待事物;而移情理解更具有个人化和情绪化的特点。同理心意味着能够设身处地地为他人着想;因此,当我们能做到感同身受时,就会对他人的感受、想法和经历有更多的了解。但是移情理解不仅仅是本能的感觉。移情理解的核心是尊重他人,尤其是那些在生活上和世界观上与我们不同的人。移情理解被纳入了布拉德利学校历史委员会(Bradley Commission on History in Schools,1988)的建议中,这个委员会属于蓝带委员会[①],旨在改进历史教

[①] 由无党派政治家和专家组成的独立的、排他的委员会,专门调查一些重要的政府议题。——译者注

学。委员会的报告称，历史教学的主要目的是帮助学生摆脱他们以种族为中心和以现在为中心的观点，要培养对生活在不同地方和时代的人的共情心。同样地，学术、社会和情感学习联盟（Collaborative for Academic, Social, and Emotional Learning, CASEL）也明确了"能站在他人，包括那些来自不同背景和文化的人的角度，具备与他人产生共鸣的能力"（2017）是五大核心竞争力之一。

集思广益和移情理解为教师提供了提高教学效能的有力方法，有助于学生理解他人和吸纳不同的见解，加深学生对他人和不同思想的理解。这二者都要求学习者超越基本的知识和技能，积极建构更深层次的意义。在集思广益方面的不断进步，就是在培养批判性思维的能力。表现出移情理解就意味着具有了成熟的社会情感和建立了基本的人际交往关系。这些思维方式可以有效地应用于学校课程的许多领域。最重要的是，这是宝贵的意义建构技能，也是学生一生都会用到的技能。

如何做

教师可以为学生提供机会，让学生思考不同观点、各种各样的概念以及多选择的解释和结论，以此来帮助学生进一步发展自己的观点。例如，教师可以要求学生思考文学作品中不同人物的视角——尤其是那些在叙述中没有表达观点的人物。教师也可以考虑使用视角转换重新复述知名的作品帮助学生从另一个角度看故事，比如：约翰·西斯茨卡（John Scieszka）的《三只小猪的真实故事》（*The True Story of the 3 Little Pigs!*）（转换成狼的视角）。在健康保健课上，你可以要求学生从不同的角度来考虑"健康饮食"的含义。历史上我们最喜欢的一个问题——这是谁的"故事"？这会提示学生，所谓历史免不了有个人的看法。不同的人对同一个历史事件有截然不同的解释。换言之，要真正了解过去，学生必须有意识地从不同的视角思考，比如，从"他""她"或"他们"的视角出发。

说到在课堂上培养移情，我们几乎马上就会想到一个问题：没有亲身经历的人如何能够真正理解他人的经历呢？例如，男人能体会到分娩的快乐和痛苦吗？一个比较富裕的人能真正理解贫困的痛苦吗？可以说，深刻的移情理解是通过经验分享而形成的。事实上，一些学生可能有身临其境的经历（例如，实地考察、社区服务项目、同伴咨询、志愿者项目、读者剧场和一些基于项目的学习），这些经历能够使他们同那些与自己生活迥异的人进行近距离的互动。虽然这种直接的体验确实有助于学生产生同理心，但也不总是实际可用的。教师也可以使用一些间接方式，包括阅读描述性的图书、观看电影、角色扮演、模拟和戏剧性模拟，这些间接的方法同样能够打开学生移情理解的大门。

表8.1列出了不同年级和不同科目的教师如何将集思广益和移情理解结合到课堂的例子。

除了提出这些一般性推荐建议外，我们还提出了五种实用的工具（策略）以帮助学生通过集思广益和移情理解来建构意义。

1. 问题提示：提供问题的简单线索，让学生思考不同的观点并产生移情理解。

2. 把自己摆进去：让学生以自身的经历和价值观来看待所学内容，进而促进学生集思广益和移情理解能力的发展。

3. 观点图：鼓励学生从不同的利益相关者的角度来看待他们正在学习的内容。

4. 观点交锋和模拟审判：邀请学生扮演历史人物和文学人物来讨论和辩论他们的想法或为他们的行为辩护。

5. 一天的生活：帮助学生通过挑战自己"成为"他们正在学习的人、正在学习的思想和事物，以此来发展新的洞察力，并使用创造性和个性化的写作形式来描述这一经历。

表 8.1　在课程中使用集思广益和移情理解

商务课	• 从制造商、小企业主、投资者和客户的角度考虑产品开发和营销。 • 考虑一下，如果你因为不道德的商业行为而被欺骗，你会有什么感觉？你会怎么处理这种情况？
文学课	• 从一个次要人物的角度来考虑这个故事。这个角色会如何描述这种情况？ • 如果是这样，故事或人物会发生怎样的变化？ –如果这个故事发生在不同的背景或时期？ –如果你是作者？
写作课	• 为两个截然不同的听众写一篇有说服力的文章。听众的变化是如何影响你的论点、语气、用词或者例证的？ • 写一个经典童话或民间故事的现代版。
健康课	• 为一个患有关节炎的久坐办公的中年客户制订个人健身计划。你设计的健身计划应该包括有氧、无氧和柔韧性训练。 • 如果你患有需要限制饮食的疾病（如糖尿病或乳糖不耐症），想象并描述一下你的生活会有怎样的不同。
数学课	• 使用不同的图形比例尺显示相同的数据（例如，缩小比例尺与放大比例尺）。不同的图表传递的信息有什么不同？ • 想象一个没有分数的世界。日常生活将会变得有何不同？
科学和技术课	• 从不同的角度（如医学、理论、哲学）审视科学和技术进步的伦理道德（如克隆）。 • 亚里士多德逻辑学在解释物理现象方面与牛顿物理学有何不同？ • 想象你是一个濒临灭绝的物种。描述你的经历、想法和感受。
社会学课程	• 找出两种或两种以上对历史事件或当前事件的不同解释。影响这些解释的不同观点是什么？ • 我们看了电影《断锁怒潮》（*Amistad*）。想象一下，如果你是一个奴隶，坐着一艘船漂洋过海。经历了各种残暴对待时会是什么样子？你会有什么样的想法和感觉？

续表

视觉及表演艺术	• 从不同的角度拍摄同一个事件，可以显著地改变人们对事件的看法。描述不同的观点将如何影响人们的理解。 • 你能想象艺术家/歌手/歌曲作家创作这部艺术作品或这首歌曲时的感受吗?

问题提示

培养学生从不同视角对他人进行移情理解，教师可以自然地使用提示性问题。以下示例问题可以结合教学标准在课堂活动中使用，帮助学生更深入地挖掘内容、批判性地思考问题，并激发移情理解。

☆ 关于_____有哪些不同的观点?

☆ 从_____的观点来看，这会是怎么样的?

☆ _____的其他可能的反应是什么?

☆ 这是谁的"故事"?

☆ 对方的立场是什么?

☆ 另一个人、一个不同的政党、一个来自不同文化或时代的人或一个不同的科学理论将会如何解释这一观点?

☆ 如果你站在对方的立场上辩论，你会提出什么观点?

☆ 想象一下如果你是_____你会有什么感受?

☆ 设身处地地为_____考虑，会是什么样的?

☆ 你会给_____什么建议?

☆ _____对于_____会有什么感受?

☆ 画家、作家、音乐家、电影导演想让我们感受到/看到什么?

把自己摆进去

允许学生用自己的经历和价值观来探索所学内容，不仅能使学生更好地参与活动，还能帮助他们认识到学习内容彼此之间的共性，这些都为更广阔的视角和更强大的移情理解创造了条件。事实上，虽然集思广益和移情理解都要求学生摆脱自我，但这两种能力都可以通过对自我进行更深刻的理解来提高。

把自己摆进去的方法有助于学生开展个性化的学习。教师可以运用下面这些简单有效的策略，邀请学生在课堂上展示自己的经历、故事和反应，并使用这些个人元素作为发展集思广益、移情理解和更深层次理解的跳板。

个人故事叙述。这个策略也许是这些技能中最简单的，它鼓励学生讲述自己的故事。学生能否描述帮助他们成就自我的那件事？是否有一位导师、榜样或一些指导以某种特定的方式影响了他们的思想？他们的文化背景、他们的家庭、他们生活中的一次重大考验，或者这些因素的组合是如何赋予他们人生的意义和改变生活的方向的？所有这些问题以及其他许多问题，都可以作为丰富的个人故事的基础。别忘了让学生们分享他们的故事。毕竟，只有通过分享我们的强项、恐惧和挑战，我们才能开始理解彼此的共性。

你就在现场。这种利用自我（不同视角和同理心）来促进学习的策略，是受到20世纪50年代同名电视节目的启发。该节目由传奇新闻播音员沃尔特·克朗凯特（Walter Cronkite）主持，以重现著名历史事件为特色，由一名记者对"相关人员"进行提问，以了解更多相关事件的信息，并探索参与者的想法和感受。教师可以很容易地在课堂上使用这个模式，把历史和文学带到生活中来。试着让学生们想象他们"身临其境"，假设这些历史人物或文学人物将要接受采访，可以让学生去采访事件中的这些人物，也可以让学生扮演这些角色。例如，学生想象在采访图坦卡蒙国王或美国殖民地的奴隶时会问什么问题？想象他们会怎么回应？

回想一段时间。这个策略改编自费伊·布朗利（Faye Brownlie）、苏珊·克洛斯（Susan Close）和琳达·温格伦（Linda Wingren）于1990年出版的作品，目的是帮助学生从不同的角度看内容。具体来说，就是要求学生从三个角度来审视同一个问题：作为一个参与者，作为一个观察者，以及作为一个支持者。

要使这个过程在课堂上变得生动起来，可以进行以下尝试。例如，假设你想让学生对偏见以及偏见如何影响他人这个话题有更深的理解。你可以把学生分成三组，将每组的学生分别编号为1、2、3，然后进行三轮活动。

第一轮：学生们回想他们是**参与者**的经历（例如，当他们个人面对偏见的经历）。学生应以书面形式记录他们的经历，将他们的经历与团队成员的经历进行比较，并尝试根据他们的集体经历确定偏见的一些共同属性。在探索了三个团队成员的不同观点后，所有的1号学生组成另一个团队，在那里他们轮流分享他们原来团队的想法。新小组的成员分享并比较他们原来小组的结论。

第二轮：从第二个角度重复上面这个过程。学生们回想他们作为**观察者**的经历（例如，当他们观察到某人正在遭受偏见的经历）。学生小组再次记录并讨论他们的经历。然后所有的2号学生组成一个新的小组，以第一轮相同的方式去比较各自的想法。

第三轮：最后，学生从**支持者**的角度来考虑问题（例如，当他们支持一个正在饱受偏见的人会是什么感觉）。再一次，学生们记录并讨论他们的经历。然后3号学生组成一个新的小组，根据他们在三轮活动中所学到的知识，最终形成一整套关于偏见这个概念的属性和要素。

这一过程通常以全班讨论结束，要求学生在讨论中反思自己的学习和整个过程。

观点图

许多年轻人（和一些年长的人）主要通过自己的经历和文化来看待这个世界。观点图（Perspective Chart，McTighe，1996b）被认为是一个有用的组织图，能够提醒学习者要有意识地以他人视角去思考特定情况或问题。这个工具可以帮助学生扩展他们的视角，对概念有更深刻的理解，领会问题的复杂性。图8.1是社会研究课程其中一个单元运用观点图的一个举例，能够帮助学生从不同的角度去思考美国西部扩张的影响。

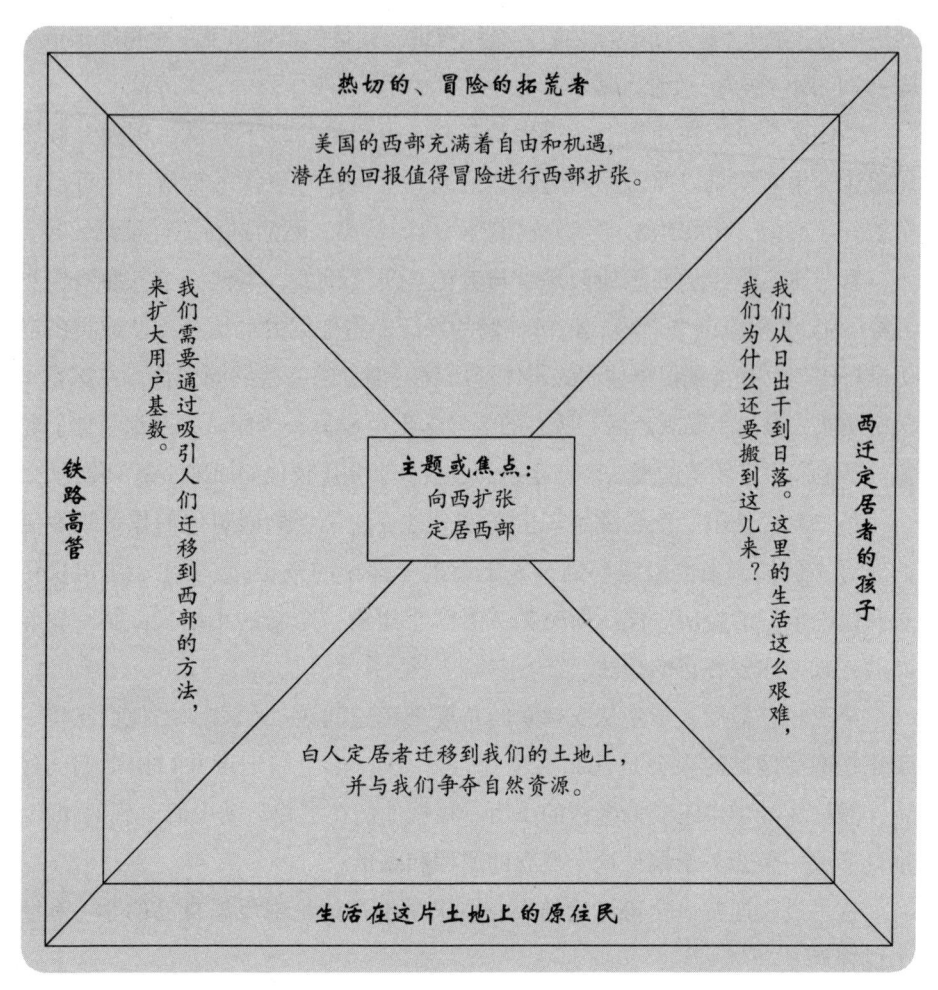

```
┌─────────────────────────────────────────┐
│         热切的、冒险的拓荒者              │
│  ┌───────────────────────────────────┐  │
│  │  美国的西部充满着自由和机遇，      │  │
│  │  潜在的回报值得冒险进行西部扩张。  │  │
│  │                                   │  │
│  │  我              我们             │  │
│  │  们              从               │  │
│  │  需              日               │  │
│ 铁 要              出    西         │
│ 路 通              干    迁         │
│ 高 过              到    定         │
│ 管 吸   ┌───────┐  日    居         │
│    引   │主题或焦点：│ 落。 者         │
│    人   │ 向西扩张  │ 这  的         │
│    们   │ 定居西部  │ 里  孩         │
│    迁   └───────┘  的    子         │
│    移              生               │
│    到              活               │
│    西              这               │
│    部              么               │
│    的              艰               │
│    方              难，             │
│    法，            我们为什么还要   │
│                    搬到这儿来？     │
│  │  白人定居者迁移到我们的土地上，    │  │
│  │  并与我们争夺自然资源。            │  │
│  └───────────────────────────────────┘  │
│        生活在这片土地上的原住民          │
└─────────────────────────────────────────┘
```

图 8.1　观点图：向西扩张

　　观点图是一种多功能工具，可以应用于各种领域，包括历史（例如，对过去事件的不同解释）、时事（例如，不同的组成团体如何看待有争议的问题，如枪支管制）、英语语言文学（例如，文学中不同的人物如何对待相同的情况）、科学（例如，对人工智能等科学技术的好处、潜在应用和风险的不同看法），以及艺术（例如，对表演和艺术作品的各种审美反应）。观点图的使用有助于扩展观点，培养批判性分析能力及深思熟虑的习惯。

观点交锋和模拟审判

这两个相关的工具能够激励学生去扮演著名的人物角色，并从人物各自的观点来讨论或辩论思想或问题。观点交锋（Meeting of the Minds）的目标是探索各种不同的观点，以达成共识，进行概括，或突出观点之间关键性的差异。例如：

> ☆ 青蛙和蟾蜍与蜘蛛夏洛特一起讨论了真正友谊的特点。
> ☆ 圣雄甘地、耶稣基督和先知穆罕默德一起讨论应对暴力宗教极端主义的最佳方式。
> ☆ 埃德加·艾伦·坡、雷·布拉德伯里和雪梨·杰克逊一同探索让读者沉浸其中、引人入胜的最好方法。

相比之下，模拟审判（Mock Trial）往往会激发辩论和争论，通常在学习一个关键历史时期或共同阅读一部文学作品时使用。学生可以调查某段历史或某个故事中的重要人物所犯下的真实或可能的"罪行"。以下是这个过程的大致描述举例。

1. 根据历史情境或文学作品中的事件或人物，教师提出一个罪行，或者学生判断确定一个可能存在的罪行。例如，英语课上的学生可能会因为哈姆雷特谋杀普罗尼尔斯而对他进行审判，而历史课上的学生可能会因为一个著名的领导人滥用权力而对他进行审判。然后对被告提出指控。

2. 学生被分成不同的小组，扮演不同的角色（例如，检察官和辩护律师），并给学生时间去准备支持或反对被告的证据。他们必须收集基于权威来源的证据（例如，基于文学作品或基于历史资料的信息），并作为案件的一方展开论辩。

3. 审判按照常规的法庭程序进行。教师可以选择扮演法官的角色，邀请一位客座法官（如图书管理员或副校长），或让一名学生担任法官。要创建一个更真实的"法庭"，可以重新布置教室，包括法官席、证人席、控方和辩护方的区域，以及陪审席。教师还可以为法官专门准备一个小木槌来维持法庭秩序。

以下给出一些关于开展有效课堂模拟审判的建议。

> ☆ 对于不熟悉模拟审判程序的学生，可通过观看视频来学习这个程序。网络上提供了许多有用的视频可供参考；对于年龄更小的学生来说，可以观看《金发姑娘和三只熊的故事》（*Goldilocks and the Three Bears*）作为模拟审判的教学参考。
>
> ☆ 为了确保所有的学生都参与其中，教师可以进行两个审判，让每个学生在一个审判中有发言的机会，并在另一个审判中担任陪审员。
>
> ☆ 对于大班额课堂，教师可以选择几个学生担任"过程观察员"，在审判期间做好笔记，并对其他学生扮演角色的表现给出反馈。

一天的生活

一天的生活这个方法要求学生把自己想象成一个著名的人物或角色，甚至是一个概念或一个正在学习的对象，想象出这些人物或事物的一天生活。这个方法除了帮助学生发展对内容的新理解，还能够激发学生进行创造性的思考和写作，培养学生对调查内容的移情理解能力。

使用这个方法可以帮助学生"成为"其他人：让学生通过个人写作（例如，日记或给朋友的一封信）来讲述他们一天的生活故事是一个好主意，这样可以捕捉他们所选择人物的观点。对于低年级学生，作品可以采取画插图或画图画册的形式。下面提供两个例子。

☆ 同学们刚刚看过关于第一次世界大战期间战壕防线作战的纪录片《战壕里的生活》(*Life in the Trenches*)，也读过《佛兰德斯战场》(*In Flanders Fields*) 这首诗。从以下角色中选择一个：一个惊恐的新来的士兵、一个试图鼓舞士气的军官或者一个战地医院的护士。写一封信回家描述你的经历。

☆ 我们刚刚完成了关于传记的单元，了解到一本优秀传记的定义标准之一是展示人们如何应对挑战。从本单元中选择你最喜欢的传记故事，试着找出人物最大的挑战。然后想象自己成为那个人，写两到三篇日记，让我们了解你在想什么，你决定做些什么来应对挑战。

当"一天的生活"这个方法用在物体或概念而不是人物角色上时，能够激发学生进一步拓展思维——超越他们熟悉的世界，从一个新的、不同寻常的角度来看待事物。要以这种方式使用这个方法，首先要确定一个与教学主题相关的对象或概念，作为学生思考和写作的基础。根据教学目标，学生的回答可以是简短的，可以是有趣的，也可以是扩展思考和写作的基础。在任何情况下，学生都应该使用第一人称（"我"）叙述。以下是一些例子。

☆ 假设你是一个白细胞。你和你的朋友们接到了紧急的报警电话，需要马上与入侵你身体的新型病毒作战。请描述你发现和消灭敌人病毒的过程。

☆ 假设你是一个移民。你发现自己陷入了支持移民和反对移民两派之间的拉锯战。确保你写出的故事能反映出双方的观点，以及你对自己卷入这场辩论的内心感受。

☆ 你是一只迫不及待想要变成蝴蝶的蛹。在你等待蜕变的时候，解释一下你的生活是什么样的。你一定要告诉我们，成为一只蝴蝶最让你兴奋的是什么。

一旦学生掌握了这种方法，教师就可以邀请学生在一个课程或单元中，根据自己选择的内容，创造他们自己的生活故事。教师会惊喜地发现学生可以建立起一些独特的联系！

总　结

集思广益和移情理解是观察我们周围世界的两种截然不同但又相互关联的方法。同时，它们也是理想的意义建构技能，因为当我们在课堂上使用这两种方法促进学生的学习时，就是在鼓励学生用他们的头脑和心灵来建构自己的理解和认识。使用本章所提到的方法，教师可以帮助学生在学习过程中关注反映人性的内容，引导学生更深入地了解自己、他人和所研究的内容。

第 9 章

融会贯通

到目前为止，本书已经讨论了围绕大概念建构课堂内容的重要性，并介绍了各种各样的思维技能和相关工具，教师可以使用这些方法来帮助学生理解课堂内容。在最后一章，我们将汇总性地介绍：一个行之有效的教学方案来帮助学生独立运用思维技能和工具，一个可以帮助教师决定在个人所授课程和单元中运用这些技能和工具的教学设计框架，以及一个能将一系列技能和工具整合到一学年课程中的流程图。

培养学生独立运用思维技能和工具的能力

教师可以用本书提供的教学工具帮助学生对正在学习的内容进行意义建构，以及促进学生的深入理解。然而，这些工具不仅仅是给教师的。事实上，最终目标是将这些工具教给学生——换言之就是，培养学生成为足够熟练的工具使用者，使他们能够在未来的学习中做到独立运用。因此，教师与学生都应学会如何使用这些工具。我们认为，最好的方法是直接教这些工具。表9.1清晰地展示出向学生教授这些工具的五步法。

表 9.1　工具教授的五步法

基本步骤	具体做法
1. 让学生为新课程学习做好准备	• 教学前，仔细地回顾工具，确保自己能理解工具。 • 向学生解释使用工具的目的。
2. 介绍和示范基本步骤	• 一次展示一个工具。 • 解释并示范每个步骤，示范的同时进行大声讲解。
3. 加深和强化学生的理解	• 让学生在教师的指导下练习使用工具。 • 用持续的（形成性）评估来确定学生是否能独立使用工具。 • 根据需要提供额外的教学指导。
4. 让学生挑战使用工具	• 分配一个简单任务，要求学生使用这个工具。 • 评估学生的技能水平，并根据需要提供培训。 • 进一步寻找机会让学生在更复杂的情境中使用工具。 • 鼓励学生独立使用工具，而不仅仅是在你告诉他们时才使用（例如，"每当你要进行比较时，请遵循这些步骤"）。
5. 帮助学生反思，并在他们使用工具时称赞鼓励	• 提出能帮助学生反思自己使用工具之类的问题：什么容易？有什么挑战？使用这个工具如何提高你的思维和理解力？该工具还可以帮助你完成哪些类型的任务？你下次会如何调整对这个工具的使用方法？ • 为学生成功地使用工具送上祝贺。

建立教学单元

现在让我们把注意力转向教学设计。因为最好的学习方法之一是举例，我们将向您展示一位中学教师如何从本书中整合策略和工具，并设计一个缜密且引人入胜的讲述雨林知识的单元教学内容。本教学单元以第 1 章所建议的大概念为中心，结合第 2 章至第 8 章所讨论的思维技能和工具，并考虑高效教学设计的原则。以下的这些情境将带领你了解这位教师的想法，这样你就会理解她这样设计教学单元的决策过程和动机。还能够使你注意到一个很实用的课程/单元设计框架（Silver Strong & Associates，2013），帮助教师应用促进深度和常态学习与参与的方式，合理有效地规划教学课程和单元设计。基于针对如何促进学习者深度理解的研究（Goodwin, Gibson, Lewis, & Rouleau, 2018），这个框架还融入了一些最受推崇的教学模式的设计元素（Dean et al., 2012; Hunter, 1984; Marzano, 2007; Wiggins & McTighe, 2005），鼓励教师将教学设计看作带有五个阶段或五个情节的一系列活动，每个阶段（情节）都有自己的目标，并在每个阶段（情节）中选择好教学工具和活动。表9.2展示了这个教师如何使用此框架围绕大概念组织教学单元，并让学生参与活动，理解相关内容。

> 这并不是我第一次讲授有关雨林知识的单元。但在参加了杰伊和哈维的一个工作坊研讨会后，我的灵感被激发了，这次改变了自己的教学方法。因为我意识到之前讲授单元教学内容时一直围绕着各种活动，而不是围绕着我想让学生理解的重要概念来设计的，所以这一次，我始终在心里问自己："我想让学生理解什么样的大概念？"玛格丽特·米德（Margaret Mead）有一句话我很喜欢，一直引导了我的思考："……应该认识并尊重地球上美丽的平衡系统，包括陆地动物、海洋鱼类、空中鸟类、人类、水、空气和陆地。最重要的是，人们一定要时刻意识到自己的行为会破坏这个系统中宝贵的平衡。"（Nath, 2009, p.265）
>
> 米德的话让我想起了科学标准中的一个交叉概念：系统。我意识到我想让学生明白，雨林就是和谐相互依存的系统这个概念其中的一个例子，在这个系统中，任何一个组成部分的变化都会影响到整个系统。具体来说，我希望学生认识到生态系统中的生物是相互依存的，生态系统需要平衡才能生存和繁荣。还有一个我想让学生们理解的重要概念是，不仅在雨林中存在相互依存和平衡，而且雨林和世界的其他地方也存在相互依存和平衡，换句话说，雨林的健康和存在影响着雨林之外一切的健康和存在（包括我的学生!）。鼓励学生去思考雨林对他们自己和全世界的重要性，以及他们和其他人可以采取哪些行动来保护米德所指的生态平衡，我认为这样做我可以使这个单元的教学更贴近个人，更有吸引力。

我希望学生能够理解这些重要概念，这帮助我认识到该单元实际上是关于自然平衡与和谐的研究，所以我用"一项关于……的研究"来命名此单元。我相信把此单元介绍为"雨林：一项关于自然平衡与和谐的研究"，将会使我和学生专注于核心概念。为进一步确保教学和学习都集中在大概念上，我使用基本问题法提出了三个问题，以此驱动学生去理解核心概念：

1. 系统中的微小变化如何对整个系统产生巨大影响？
2. 生物之间是如何相互依存的？
3. 我为什么要关心遥远地方的人和事？

我努力将雨林这个单元的教学内容围绕更广泛、更普遍的概念和问题来建构，以便学生能够将其在这个单元中形成的理解应用到其他情境和领域中去。我的脑海里一直萦绕着杰伊的这句话：一个完整全面的单元设计，不仅需要弄清楚你希望学生理解什么，还需要弄清楚你如何确定他们是否"获得"了这些理解。于是我开始考虑用一个最终评估的任务，来检验学生（让我来评估）对这个单元学习的这些大概念和问题的理解情况。我决定让学生选择并研究一个专题：威胁世界雨林的问题（例如，森林砍伐），请学生解释一下这个问题是什么，以及它将如何对雨林生态系统或整个世界产生负面影响，并为他们选择的问题提供资金解决方案。为了使这项任务更具趣味性、互动性和真实性，我决定将其设置为模拟联合国世界领导人峰会。

当我真正清楚了我要讲授的重要概念、基本问题和最终评估的方法后，我就利用细致的课堂/单元设计框架中的五个"情节"（Silver Strong & Associates, 2013）来设计单元教学，并确定将用来帮助学生理解相关内容的具体活动和方法。当我的单元计划完成后，我就检查这些教学活动是否与最初确定的大概念和基本问题相匹配——换句话说，这些活动应该是目标明确的教学活动，而不只是为了做而做。

我认为，这次单元设计的方式是把重点放在大概念上，而不是放在活动上，并结合能让学生积极参与处理内容的教学工具，这将对学生的学习产生深远影响。我对这次的工作充满热情，我很兴奋就要开始上这一单元了！我的学生也一定会为这样的学习感到兴奋不已。

表9.2 利用五个情节框架的雨林主题的单元设计

教学情节	雨林：一项关于自然平衡与和谐的研究 教学顺序
1. 让学生为新课程的学习做好准备	用概念词汇墙张贴和介绍核心概念词（如和谐、相互依存、平衡、适应）。要求学生一起建造雨林动态模型，这既需要**平衡**雨林各组成部分，也需要学生之间的**和谐**合作、团队的**相互依存**协调运作，通过这个活动能够帮助学生"体验"并开始理解这些核心词。让学生使用核心概念词来描述他们所做的事情（例如，"我们协同合作来平衡各部分"）。 K—W—L阅读教学法：让学生记录他们**知道**的和**想知道**的关于雨林的知识。 把这个单元作为一项关于自然平衡与和谐的研究来讲授。介绍基本问题。
2. 展示新的学习内容	播放一段视频，展示雨林以及雨林对整个世界的重要性。使用阅读立场的提示要求学生处理和讨论材料。 让学生阅读一篇关于雨林层次以及动植物如何适应特定层次的文章。使用意义阅读帮助学生更仔细阅读，探索关键概念。让学生创建图形组织者，以促进他们对雨林层次和在那里生活的有机体的综合理解。运用"是的，但这是为什么呢？"这个活动培养和测试他们对适应概念的掌握：是的，每一层次的雨林都生活着不同种类的生物。但这是为什么呢？ 带学生去动物园的雨林展览。出发前用基于预测和假设的引子激发他们的兴趣和参与度，让他们预测在动物园可能学到的东西，而不是从阅读或视频中学到的东西（例如，雨林的气味或湿度）。让学生用窗口式笔记记录下自己旅途的见闻，把自己的预测和实际学到的东西进行比较。

续表

教学情节	雨林：一项关于自然平衡与和谐的研究 教学顺序
3. 加强和深化学习	让学生通过假装自己是一种特定的植物或动物，描述出一天的生活——它生活在哪里，它如何满足自身的需要，它吃什么（或谁吃它）等，来进行综合化和个性化的学习。鼓励学生使用丰富、多感官感知的语言，给他们举一些写作的例子作为范本。 让学生用"先描述，再比较"来比较自己想要的、需要的，以及所选择的动物或植物间的相互联系。目的是帮助学生认识到所有生物都依赖于其他生物和资源来满足基本需求，从而培养他们对相互依存的理解。 使用"如果……会怎样？"问题，培养和测试学生对相互依存和适应能力的理解——例如，**如果某种植物或动物不复存在会怎样？如果雨林遭到乱砍滥伐有机体会怎样？** 使用词汇可视化要求学生创造一个反映他们对相互依存这个概念理解的简单的图像或符号。
4. 应用与示范学习	评估任务：模拟联合国首脑会议，让学生描述一个威胁雨林的问题，解释它如何对雨林或整个世界产生负面影响，提出解决这个问题的方案，并说明为什么这些方案值得资助。
5. 反思和称赞鼓励学习	让学生完成K—W—L表中的"我学到的"部分，反思是否学到了他们想要的，并确定需要进一步研究的问题。 展示玛格丽特·米德的引文，在这个单元中用这句话来引发思考。作为一节课，不断反思这节课的意义，以及基于我们的所学，米德的话是如何与我们产生共鸣的。

规划全年课程

我们在本章的最终目标是鼓励教师超越单个课程或单元的设计，要全局考虑规划整个学年。这里有一个类比：把你的课程当作百纳被。单个的补丁或方形布块就像一个个教学单元，包含紧密交织的课时。每一课时都应该是精心设计的，单元更应该是经过深思熟虑进行的组合（正如我们刚刚探讨的雨林单元），在单元设计中还要融入具体的思维技能和教学方法，促使学生去理解教学内容。但是，这些单独的补丁是否能够有助于整体的拼接，并组合成一床图案协调的"被子"呢？为了解决这个问题，我们建议使用图谱矩阵这个工具来规划全年课程。

什么是图谱矩阵，为什么要使用

大多数学科的标准都是内容和过程的融合。例如，《共同核心数学标准》（Common Core State Standards for Mathematics），包括规定数学内容的年级标准和过程技能的《数学实践标准》（Standards for Mathematical Practice）。同样，《新一代科学教育标准》包括科学内容（以学科核心思想和交叉概念的形式）以及科学和工程实践（过程技能）。其他学科的标准［如《C3 社会科学研究标准》（C3 Social Studies Standards）与《美国国家艺术核心标准》（National Core Arts Standards）］也同样如此。

这些标准的框架是为了提醒教师，仅仅传递有关各种内容主题的事实信息是不够的。相反，这些标准是希望教师在学生学习内容的时候运用关键步骤（实践），使学生参与到这个主题的实际操作上来。正因为如此，图谱矩阵（The Mapping Matrix）是一个非常适合规划整个学年课程的工具。因为它纵向列出了内容主题，横向列出了过程技能（实践）。图谱矩阵的"小格子"可以用来规划并展示内容和过程的融合——这正是各个学科标准所期望能达到的！

我们在这里提出的图谱矩阵也体现了内容和过程的融合，但它的设计目的不止于此。具体来说，它将帮助你结合本书的思维技能和工具来规划课程。图谱矩阵有三个主要目的。

1. 帮助教师确保整个学年所讲授的内容都围绕着可迁移的大概念和基本问题。如果不关注核心大概念，那么就只能绘制出课程中的系列主题和一些独立不相关的事实和技能。这样就只能导致"千篇一律"的教学，以及表面化和碎片化的学习。

2. 提醒教师要让学生积极参与，理解内容中的关键概念。通过将教学单元中指定的内容与具体的思维技能和相关工具相结合，能够促进学生积极参与，实现更深入、更持久的学习。

3. 帮助教师系统地为学生提供多种机会，在整个学年的课程中应用建构意义的方法和技能。因为任何方法或技能仅仅依靠一次接触是不可能培养出能力的。如果学生有多次机会使用各种方法或技能时，他们独立操作和运用方法或技能的能力就会逐渐得到提高。

教师如何使用图谱矩阵

为了帮助教师更好地了解如何使用图谱矩阵，表9.3展示了一个全学年美国历史课程的矩阵示例。第1列呈现了整个学年的单元主题。第2列至第4列以过程为导向，要求教师思考两个与过程相关的教学设计问题。

1. 我如何围绕大概念来建构内容框架？（使用"一项关于……的研究"和基本问题这两个方法，在这个问题下面的两栏，围绕核心大概念建构单元主题。）

2. 我如何确保学生主动理解学习内容？（用这个问题下面的两栏，来确定你认为最能帮助学生深层学习单元内容的思维技能和相关工具。）

请注意，这个矩阵没有包括历史学科的标准，因为每个地方、州、国家和国际的标准各不相同。标准行通常可以很容易地添加到图谱矩阵的内容轴中。

这个矩阵清楚地展示了主题、核心概念和基本问题之间的统一。有助于课程规划者了解使用哪些方法，可以确保所有相关技能在整个课程中得到应用，且学生能够充分利用这些技能进行实践，以便他们能够将这些技能应用（迁移）到未来的学习中。

表 9.3　美国历史课程的图谱矩阵（1890 年至今）

内容		过程		
		我如何围绕大概念来建构内容框架？		我如何确保学生主动理解学习内容？
单元主题	一项关于……的研究	基本问题	思维技能*	工具
历史探究与史学	意义建构	• 我们如何知道过去到底发生了什么？ • 这是谁的"故事"？ • 这是什么意思？	√ CON — NMS — COM √ RU √ PH — VGR — PTE	• 概念获得 • 阅读理解 • 归纳学习 • "如果……那么……"策略
工业化和移民	社会动乱	• 在工业时代，谁是"赢家"和"输家"？ • 人们为什么会移民？ • 当不同文化融合时会发生什么？	√ CON — NMS √ COM √ RU — PH — VGR √ PTE	• 寻宝游戏 • 整合事实 • 比较归纳矩阵 • 一天的生活
美国帝国主义和第一次世界大战	殖民扩张	• 美国帝国主义：为解放还是压迫而生？ • "大战"不可避免吗？	√ CON √ NMS — COM √ RU — PH — VGR √ PTE	• 窗口式笔记 • 概念定义地图 • 观点图

续表

内容	过程			
	我如何围绕大概念来建构内容框架?		我如何确保学生主动理解学习内容?	
单元主题	一项关于……的研究	基本问题	思维技能*	工具
进步时代	改革	• 政府在实现社会公正方面的责任是什么?	√ CON — NMS √ COM √ RU — PH — VGR √ PTE	• 概念定义图 • 阅读立场 • 观点图 • 社交圈
经济大萧条	人类的贪婪	• 为什么会这样? • 还会再次发生吗?	— CON √ NMS — COM √ RU — PH — VGR √ PTE	• 阅读立场 • 4-2-1 总结模式 • 你就在现场
第二次世界大战	制定决策	• 什么时候（如果有的话）我们应该开战? • 战争永远是正义的吗?	√ CON — NMS — COM — RU — PH √ VGR √ PTE	• 整合事实 • 心灵之窗 • 把自己摆进去 • 观点交锋

续表

内容	过程			
单元主题	我如何围绕大概念来建构内容框架?		我如何确保学生主动理解学习内容?	
	一项关于……的研究	基本问题	思维技能*	工具
冷战	竞争对手	• 我们还在冷战中吗?	√ CON — NMS √ COM √ RU — PH √ VGR — PTE	• 加强预览 • 图形组织者 • 联系概念 • 比较归纳矩阵
政治分裂	观点碰撞	• 自由主义和保守主义的理想是如何产生冲突的?	√ CON — NMS √ COM √ RU — PH — VGR √ PTE	• 概念定义地图 • 阅读立场 • 观点图 • 社交圈

*思维技能：CON＝概念化，NMS＝做笔记和做总结，COM＝比较，RU＝阅读理解，PH＝预测和假设，VGR＝可视化和图示表征，PTE＝集思广益和移情理解

总结：现在请你一试身手

在本书中，我们给出了让学生主动参与意义建构以促进深度学习的案例。为了从"阐述案例"转为帮助教师"在课堂上可以运用"，我们提供了七个思维技能以及现成可用的工具，让意义建构的过程在课堂上变得妙趣横生。我们提供了关于如何围绕大概念进行课程设计的指导，我们还提出了关于如

何将技能和工具整合到课堂、单元和一整年的课程中的建议。那么，接下来还要做什么呢？只有一件事是你们需要做的：开始你的教学工作，指导学生独立地建构意义，使他们能够在学校取得学业成功，并时刻为世界上无处不在的复杂挑战做好准备。

参考文献

Beesley, A., & Apthorp, H. (Eds.). (2010). *Classroom instruction that works, second edition: Research report.* Denver, CO: Mid-continent Research for Education and Learning.

Boutz, A. L., Silver, H. F., Jackson, J. W., & Perini, M. J. (2012). *Tools for thoughtful assessment: Classroom-ready techniques for improving teaching and learning.* Franklin Lakes, NJ: Silver Strong & Associates/Thoughtful Education Press.

Boyle, J. (2013). Strategic note-taking for inclusive middle school science classrooms. *Remedial and Special Education*, 34 (2), 78-90.

Bradley Commission on History in Schools. (1988). *Building a history curriculum: Guidelines for teaching history in schools.* Westlake, OH: National Council for History Education. Retrieved from https://www.nche.net/bradleyreport.

Brownlie, F., Close, S., & Wingren, L. (1990). *Tomorrow's classrooms today: Strategies for creating active readers, writers, and thinkers.* Portsmouth, NH: Heinemann.

Brownlie, F., & Silver, H. F. (1995). *Mind's eye.* Paper presented at the seminar Responding Thoughtfully to the Challenge of Diversity, Delta, Canada.

Bruner, J. (1973). *Beyond the information given: Studies in the psychology of knowing.* Oxford: W. W. Norton.

Collaborative for Academic, Social, and Emotional Learning (CASEL). (2017). Core SEL competencies. Retrieved from https://casel.org/core-competencies.

Dean, C. B., Hubbell, E. R., Pitler, H., & Stone, B. (2012). *Classroom instruction that works: Research-based strategies for increasing student achievement* (2nd ed.). Alexandria, VA: ASCD.

Erickson, H. L. (2007). *Concept-based curriculum and instruction for the thinking classroom*. Thousand Oaks, CA: Corwin.

Erickson, H. L. (2008). *Stirring the head, heart, and soul: Redefining curriculum, instruction, and concept-based learning* (3rd ed.). Thousand Oaks, CA: Corwin.

Erickson, H. L., Lanning, L. A., & French, R. (2017). *Concept-based curriculum and instruction for the thinking classroom* (2nd ed.). Thousand Oaks, CA: Corwin.

Flammer, L., Beard, J., Nelson, C. E., & Nickels, M. (n.d.). Science preparation for elementary school students. Retrieved from http://www.indiana.edu/~ensiweb/Sci.Prep.Elem.School.pdf.

Goodwin, B., Gibson, T., Lewis, D., & Rouleau, K. (2018). *Unstuck: How curiosity, peer coaching, and teaming can change your school*. Alexandria, VA: ASCD.

Guido, B., & Colwell, C. G. (1987). A rationale for direct instruction to teach summary writing following expository text reading. *Reading Research and Instruction*, 26, 89-98.

Hattie, J., & Donoghue, G. (2016). Learning strategies: A synthesis and conceptual model. *Npj Science of Learning*, 1, 16013. Retrieved from https://www.nature.com/articles/npjscilearn201613.pdf.

Hunter, M. (1984). Knowing, teaching, and supervising. In P. Hosford (Ed.), *Using what we know about teaching* (pp. 169-192). Alexandria, VA: ASCD.

Hyerle, D., & Yeager, C. (2017). *Thinking maps: A language for learning* (2nd ed.). Cary, NC: Thinking Maps.

Langer, J. A. (1994). A response-based approach to reading literature. *Language Arts*, 71(3), 203-211.

Marzano, R. J. (2007). *The art and science of teaching: A comprehensive framework for effective instruction*. Alexandria, VA: ASCD.

Marzano, R. J. (2009). The art and science of teaching: Six steps to better vocabulary instruction. *Educational Leadership*, 67(1), 83-84.

Marzano, R. J., Pickering, D., & Pollock, J. (2001). *Classroom instruction that works: Researchbased strategies for increasing student achievement*. Alexandria, VA: ASCD.

McTighe, J. (1996a). *Developing students' thinking skills* [Workshop handout]. Columbia, MD: McTighe & Associates.

McTighe, J. (1996b). Perspective chart. In *Improving the quality of student thinking* [Workshop materials]. Columbia, MD: McTighe & Associates.

McTighe, J. (2016). *Essential questions quick reference guide*. Alexandria, VA: ASCD.

McTighe, J., & Wiggins, G. (2013). *Essential questions: Opening doors to student understanding*. Alexandria, VA: ASCD.

McTighe, J., & Willis, J. (2019). *Upgrade your teaching: Understanding by Design meets neuroscience*. Alexandria, VA: ASCD.

Medina, J. (2008). *Brain rules*. Seattle, WA: Pear Press.

Nath, B. (Ed.). (2009). *Encyclopedia of life support systems: Environmental education and awareness*. Oxford: Eolss.

NationalResearch Council. (1996). *National science education standards*. Washington, DC: National Academies Press.

National Research Council. (2000). *How people learn: Brain, mind, experience, and school* (Expanded ed.). Washington, DC: National Academies Press.

National Research Council. (2013). *Next generation science standards: For states, by states*. Washington, DC: National Academies Press.

Paivio, A. (1990). *Mental representations: A dual coding approach*. New York: Oxford University Press.

Pressley, M. (1979). *The mind's eye*. Escondido, CA: Escondido Union School District.

Pressley, M. (2006). *Reading instruction that works: The case for balanced teaching* (3rd ed.). New York: Guilford Press.

Rahmani, M., & Sadeghi, K. (2011). Effects of note-taking training on reading comprehension and recall. *The Reading Matrix*, 11 (2). Retrieved from http://www.readingmatrix.com/articles/april_2011/rahmani_sadeghi.pdf.

Robinson, F. P. (1946). *Effective study*. New York: Harper & Row.

Schmoker, M. (2018). *Focus: Elevating the essentials to radically improve student learning* (2nd ed.). Alexandria, VA: ASCD.

Schwartz, R. M., & Raphael, T. E. (1985). Concept of definition: A key to improving students'vocabulary. *The Reading Teacher*, 39 (2), 198-205.

SETV (Saginaw County, Michigan, Public Schools). (2011, October 31). "*State v. Golden*

Locks" mock trial [Video]. Retrieved from https://www.youtube.com/watch?v=qw7Z4dLkPko.

Silver, H. F. (2010). *Compare & contrast: Teaching comparative thinking to strengthen student learning.* Alexandria, VA: ASCD.

Silver, H. F., Abla, C., Boutz, A. L., & Perini, M. J. (2018). *Tools for classroom instruction that works: Ready-to-use techniques for increasing student achievement.* Franklin Lakes, NJ: Silver Strong & Associates/Thoughtful Education Press and McREL International.

Silver, H. F., & Boutz, A. L. (2015). *Tools for conquering the Common Core: Classroom-ready techniques for targeting the ELA/literacy standards.* Franklin Lakes, NJ: Silver Strong & Associates/Thoughtful Education Press.

Silver, H. F., Brunsting, J. R., Walsh, T., & Thomas, E. J. (2012). *Math tools, grades 3-12: 60+ ways to build mathematical practices, differentiate instruction, and increase student engagement* (2nd ed.). Thousand Oaks, CA: Corwin.

Silver, H. F., Dewing, R. T., & Perini, M. J. (2012). *The core six: Essential strategies for achieving excellence with the Common Core.* Alexandria, VA: ASCD.

Silver, H. F., Morris, S. C., & Klein, V. (2010). *Reading for meaning: How to build students' comprehension, reasoning, and problem-solving skills.* Alexandria, VA: ASCD.

Silver, H. F., & Perini, M. J. (2010). *Classroom curriculum design: How strategic units improve instruction and engage students in meaningful learning.* Franklin Lakes, NJ: Thoughtful Education Press.

Silver, H. F., Perini, M. J., & Boutz, A. L. (2016). *Tools for a successful school year (starting on day one): Classroom-ready techniques for building the four cornerstones of an effective classroom.* Franklin Lakes, NJ: Silver Strong & Associates/Thoughtful Education Press.

Silver, H. F., Perini, M. J., & Gilbert, J. M. (2008). *The ten attributes of successful learners: Mastering the tools of learning.* Ho-Ho-Kus, NJ: Thoughtful Education Press.

Silver Strong & Associates. (2013). *The thoughtful classroom teacher effectiveness framework* (Resource guide). Ho-Ho-Kus, NJ: Author.

Silver Strong & Associates. (2018). *Power previewing* (poster). Franklin Lakes, NJ: Author.

Silver, H. F., Strong, R. W., & Perini, M. J. (2000). *So each may learn: Integrating learning styles and multiple intelligences.* Alexandria, VA: ASCD.

Silver, H. F., Strong, R. W., & Perini, M. J. (2007). *The strategic teacher: Selecting the right research-based strategy for every lesson*. Alexandria, VA: ASCD.

Stern, J., Ferraro, K., & Mohnkern, J. (2017). *Tools for teaching conceptual understanding: Designing lessons and assessments for deep learning*. Thousand Oaks, CA: Corwin.

Stone, B. (2016, September 1). Four tips for using nonlinguistic representations [Blog post]. Retrieved from https://www.mcrel.org/four-tips-for-using-nonlinguistic-representations.

Taba, H., Durkin, M. C., Fraenkel, J. R., & McNaughton, A. H. (1971). *A teacher's handbook to elementary social studies: An inductive approach* (2nd ed.). Reading, MA: Addison-Wesley.

Texas Youth & Government Training Videos. (2014, October 9). *Example mock trial flow* [Video]. Retrieved from https://www.youtube.com/watch?v=qtQDOQM4dM8.

Thoughtful Education Press. (2007). *From note taking to notemaking: How making notes and summarizing strengthen student learning*. Franklin Lakes, NJ: Author.

Thoughtful Education Press. (2008). *Word works: Cracking vocabulary's CODE* (2nd ed.). Franklin Lakes, NJ: Author.

Wiggins, G. (1989). The futility of trying to teach everything of importance. *Educational Leadership*, 47(3), 45-49.

Wiggins, G., & McTighe, J. (2005). *Understanding by Design* (Expanded 2nd ed.). Alexandria, VA: ASCD.

Wiggins, G., & McTighe, J. (2011). *The Understanding by Design guide to creating high-quality units*. Alexandria, VA: ASCD.

Wiggins, G., & McTighe, J. (2012). *The Understanding by Design guide to advanced concepts in creating and reviewing units*. Alexandria, VA: ASCD.

Wilhelm, J. D. (2012). *Enriching comprehension with visualization strategies: Text elements and ideas to build comprehension, encourage reflective reading, and represent understanding* (Rev. ed.). New York: Scholastic.

索 引

（索引页码系英文版页码，即本书边码，字母 b 代表文字引用框。）

A

A Day in the Life strategy，"一天的生活"策略，102，109-111，表 9.2
Adding Up the Facts strategy，"整合事实"策略，15，21-23，图 2.3，图 2.4
  assessment design，评估的设计，115b-116b
A Study in...strategy "一项关于……的研究"策略
  for focusing curriculum on big ideas，聚焦课程大概念"……的研究"策略，7，8-9，图 1.1，115，表 9.2
  for teaching conceptualizing，针对概念化教学，15，19-21
AWESOME Summaries strategy，"AWESOME 总结模式"策略，30，41

B

big ideas，大概念
 in curriculum design，课程设计，7-12
  A Study in...strategy，"一项关于……的研究"策略，7，8-9，图 1.1，115，表 9.2
  Concept Word Wall strategy，"概念词汇墙"策略，7，9-10，表 9.2
  designing units around，设计整个单元，114b-115b，116b
  Essential Questions (EQs) strategy，"基本问题"策略，7，10-12，表 1.1，115，表 9.2
  Mapping Matrix for full year and，一整学年的"图谱矩阵"，118，119，表 9.3
  and prioritizing outcomes，优先考虑学习成果，7
 focus on，关注

　　　　and academic standards，学术标准，7b

　　　　concept maps and，概念图，概念导图，93-96，图7.8

　　　　and Inductive Learning strategy，归纳学习策略，74-77，图6.2

　　　　need for, in modern education，需要，现代教育，5-6，12，112，113，118

　　　　as structure for basic skills and facts，基本技能和事实的结构，7b

　　　　and structuring knowledge for retention and usability，建构知识以记忆和应用，6

　　　　and time for making meaning，建构意义的时间，6，7

Big T Organizer，大T组织图，23，图2.5

Boutz, A. L.，布兹，A. L.，57-58

Bradley Commission on History in Schools，布拉德利学校历史委员会，100-101

brainstorming, Webbing as tool for，头脑风暴，思维网图，36，图3.3

Brownlie, Faye，费伊·布朗利，105-106

Bruner, Jerome，杰罗姆·布鲁纳，15

C

CASEL (Collaborative for Academic, Social, and Emotional Learning)，学术、社会和情感学习联盟，101

causal reasoning, in predicting and hypothesizing，因果推理，预测和假设，69-70

classification skills, development through Inductive Learning strategy，分类能力，运用归纳学习策略培养，77

classroom discussions, Community CIRCLE approach to，课堂讨论，"社交圈"方法，53-55，图4.6

Classroom Instruction That Works（Dean et. al.），《有效的课堂教学》，82

Close, Susan，苏珊·克洛斯，105-106

Collaborative for Academic, Social, and Emotional Learning (CASEL)，学术、社会和情感学习联盟，101

College, Career, and Civic Life (C3) Framework for Social Studies 学院、职业和公民生活（C3）社会研究框架

　　　　dual content and process emphasis in，双重内容和过程强调，118

　　　　emphasis on knowledge of big ideas，强调大概念的知识，7b

Common Core Standards 通用核心标准

    dual content and process emphasis in，双重内容和过程强调，118

    emphasis on knowledge of big ideas，强调大概念的知识，7b

Community CIRCLE，社交圈，表 4.1，53-55，图 4.6

Compare and Conclude Matrix，比较和结论矩阵图，表 4.1，52-53，图 4.5

comparing common problems in，比较通用问题，表 4.1，46

    defining most salient features for comparison，定义最明显的特征进行比较，46，47-49，52-53

    drawing conclusions from，下结论，做总结，50-51，52-53

    as fundamental meaning-making skill，作为意义建构的基本技能，43-44，53，55

    importance to academic success，学业成功的重要性，44

    as instinctive activity，作为本能活动，43，55

    as necessary for high-order thinking，高阶思维所必需的，44

    need for explicit instruction in，采取直接教学的需要，44，46，48-49

    purpose of comparison, identification of，比较的目的，识别，44，46，47-48，52

    as thinking skill for meaning making，意义建构的思维技能，2

    tools for teaching，教学工具，教学方法，45-55，表 4.1

        Community CIRCLE，社交圈，表 4.1，53-55，图 4.6

        Compare and Conclude Matrix，比较和结论矩阵图，表 4.1，52-53，图 4.5

        Comparison Matrix，比较矩阵图，表 4.1，50，图 4.4

        Describe First, Compare Second，先描述，再比较，表 4.1，46-47，图 4.2，表 9.2

        Meaningful and Manageable Criteria，有意义且易于管理的标准，表 4.1，47-49

        Top Hat Organizer，高帽组织图，表 4.1，49，图 4.3

        Venn diagrams，维恩图，49

        What Can You Conclude?，你能得出什么结论？表 4.1，50-51

    as transferable skill，作为可迁移的技能，44，47

Comparison Matrix，比较矩阵图，表 4.1，50，图 4.4

Concept Attainment strategy，概念获得，15-17，图 2.1，表 2.1

Concept Definition Map strategy，概念定义地图策略，15，18-19，图 2.2

concept maps，概念导图，93-96，图 7.8

conceptualizing 概念化

    benefits of, 优势, 好处, 13

    and deeper learning, 深层学习, 深度学习, 13

    definition of, ……的定义, 13

    as instinctive human activity, 作为本能的人类活动, 14

    as skill for identifying big ideas, 作为识别大概念的技能, 13

    strategies for teaching, 教学策略, 14-27

        Adding Up the Facts, 整合事实, 15, 21-23, 图2.3, 图2.4

        A Study in…, 一项关于……的研究, 或, 研究特定领域, 15, 19-21

        Big T Organizer, 大T组织图, 23, 图2.5

        Concept Attainment, 概念获得, 15-17, 图2.1, 表2.1

        Concept Definition Map, 概念定义地图, 15, 18-19, 图2.2

        Connect-the-Concepts, 联系概念, 15, 23-27, 表2.2

        need for, ……的需求, ……的需要, 14, 21, 27

        and testing concepts over time, 随着时间的推移验证概念, 25

        and transferability of concepts, 概念的可迁移性, 13-14, 21-22

    as thinking skill for meaning making, 意义建构的思维技能, 2

    as transferable skill, 可迁移性技能, 13-14, 21, 24

Concept Word Wall strategy, "概念词汇墙"策略, 7, 9-10, 表9.2

Connect-the-Concepts strategy, "联系概念"策略, 15, 23-27, 表2.2

The Core Six (Silver, Dewing, & Perini), 《六个核心》, 74-77, 图6.2

critical concepts, focus on, with visualizing and graphic representation, 关键概念, 着眼于（聚焦）, 可视化和图示表征, 90

Crystal Ball technique, as hook, 水晶球法, 74

curriculum design. *See* big ideas, in curriculum design; instructional design for units; Mapping Matrix for full year's curriculum, 课程设计, 参见：大概念, 课程设计；单元教学设计；全年课程的图谱矩阵

D

A Day in the Life strategy, "一天的生活"策略, 102, 109-111, 表9.2

索引

definitions, Concept Definition Map strategy for, 定义, 概念定义地图策略, 15, 18-19, 图 2.2
Describe First, Compare Second, 先描述, 再比较, 图 4.6, 46-47, 图 4.2, 表 9.2
Description Organizer, for comparing, 描述组织图, 比较, 46, 图 4.2
Dewing, R. T., 杜因, R. T., 74-77, 图 6.2
discrepancies, as hook to create interest, 差异性, 激发兴趣, 73-74
Donoghue, G., 多诺霍, G., 44
Don't Just Say it, Display It, 阐述与展示并行, 83, 84, 图 7.1
dual coding, 双重编码, 82-83

E

education, modern, 教育, 现代
 and meeting modern needs, 满足现代需求, 5-6
 need for focus on big ideas, 聚焦大概念的需求, 5-6, 12, 112, 113, 118
empathy. See also perspective taking and empathizing, 共情, 又见集思广益和移情理解
 definition of, 定义, 100
 difficulty of, 困难, 102
 respect for "other" required for, 另外的要求, 100-101
engagement. See student engagement Essential Questions (McTighe and Wiggins), 参与, 见学生参与基本问题, 12
Essential Questions (EQs) strategy, "基本问题"策略, 7, 10-12, 表 1.1, 115, 表 9.2

F

4-2-1 Summarize, 4-2-1 总结模式, 30, 39-41, 图 3.4

G

generalizing from individual concepts Connect-the-Concepts strategy for teaching, 从个别概念中概括出"联系概念"教学策略, 15, 23-27, 图 2.2
 refining generalizations over time, 随着时间的推移完善概括, 25
graphic organizers, 图形组织者, 84, 91-98, 表 9.2

advance organizers，先行组织者，91-93，图7.3

concept maps，概念图，概念导图，93-96，图7.8

in sample unit plan，单元设计样例，表9.2

selecting correct type of，选择出的正确形式，93，97

story maps，故事导图，93，图7.7

training students to generate，训练学生生成，96-98，图7.9

versatile uses of，用途广泛，91

Webbing，思维网图，30，36-39，图3.2，图3.3

graphic representation. See visualizing and graphic representation 图示法，参见可视化和图示表征

H

Hattie, J.，哈蒂，J.，44

history, developing empathy as goal in study of，历史，在研究中培养移情理解，100-101

hooks, predicting and hypothesizing as，激发，预测和假设，67，69，70，71-74，表9.2

Hyerle, David，大卫·黑尔，96

hypothesis. See also predicting and hypothesizing 假设，又见：预测和假设

broad usefulness of，广泛用途，69

clarifying meaning and uses of，阐明含义和用途，79

definition of，定义，68-69

generating and testing，生成和检验，79-81

necessity of testing，检验的必要性，69

I

If-Then strategy，"如果……那么……"策略，70，79-81

Inductive Learning strategy，归纳学习策略，70，74-77，图6.2

instructional design for units，113-114. See also big ideas, in curriculum design 单元教学设计，又见：大概念，课程设计

culminating assessment design，最终评估设计，115b-116b，表9.2

designing around big ideas，关于大概念的设计，114b-115b，116b

索引

five phases of，五步法，114

research underlying，研究基础，114

sample unit on rainforest，雨林单元举例，114b-116b，表9.2

instructional design for year. *See* Mapping Matrix for full year's curriculum Interactive Note Making，一整学年的教学设计，见：全年课程的图谱矩阵交互式笔记制作，30，33-36，表3.2

K

knowledge, inert，知识，惰性，1

L

Langer, J. A.，兰格，J. A.，62

learning, deep definition of，学习，深层定义，1

    student's development of, *See* meaning making learning, superficial，学生的发展，参见：意义学习，肤浅，1

M

Mapping Matrix for full year's curriculum，全年课程的图谱矩阵，118-121

    and active engagement of learners，学习者的主动参与，119

    benefits of using，应用的优势，118-119

    big ideas, designing around，大概念，设计，118，119，表9.3

    dual content and process emphasis in，双重内容和过程强调，118，119，表9.3

    example of，举例，119，表9.3

    how to use，如何应用，119-121

    and meaning-making skills applications，建构意义技能的应用，119

    standards column in，标准栏，119

    and strategies for teaching thinking skills, pre-planning for，思维技能的教学策略，预先计划 119，表9.3

    three purposes of，三个目的，118-119

Math Notes，数学笔记，30，32-33，图3.1

McTighe, J. , 杰伊·麦克泰, 12, 100

Meaningful and Manageable Criteria, 有意义且易于管理的标准, 表4.1, 47-49

meaning making. *See also* thinking skills for meaning making collaborative, in 4-2-1 Summarize, 意义建构, 又见: 意义建构合作思维技能, 4-2-1 总结模式, 39-41, 图3.4

    definition of, 定义, 1-2

    effect of personalization on, 个人化的影响, 96

    time for, with focus on big ideas, 时间, 时代, 关注大概念, 6

Medina, John, 约翰·梅迪纳, 82, 84

Meeting of the Minds, 观点交锋, 102, 108

Memory 记忆

    and dual coding, 双重编码, 82-83

    as image-based, 基于图像, 82, 84

Mind's Eye, 心灵之窗, 83, 87-88, 图7.3

Mock Trial, 模拟审判, 102, 108-109

Mystery strategy, 谜题活动策略, 70, 77-78, 图6.3

N

National Core Arts Standards, dual content and process emphasis in, 美国国家艺术核心标准, 双重内容和过程强调, 118

National Science Education Standards, on perspective-taking, 美国国家科学教育标准, 集思广益, 100

Next Generation Science Standards 新一代科学教育标准

    dual content and process emphasis in, 双重内容和过程强调, 118

    emphasis on knowledge of big ideas, 强调大概念的知识, 7b

    on perspective-taking, 集思广益, 100

note making and summarizing 做笔记和做总结

    common challenges in, 常见挑战, 30, 39

    and *making* (not just taking) notes, 做笔记(不仅仅是抄笔记), 29, 30

        modeling of, 示范, 61

    note making, uses and goals of, 做笔记, 作用和目标, 29

and self-monitoring，自我监控，33，35，36

summarizing, uses and goals of，总结，作用和目标，29

　　as thinking skill for meaning making，意义建构的思维技能，2

　　tools and strategies for，工具和策略，30-41

　　　　AWESOME Summaries，"AWESOME 总结模式"策略，30，41

　　　　4-2-1 Summarize，4-2-1 总结模式，30，39-41，图 3.4

　　　　Interactive Note Making，交互式笔记，30，33-36，表 3.2

　　　　Math Notes，数学笔记，30，32-33，图 3.1

　　　　Single-Sentence Summaries，单句总结，61

　　　　Webbing，思维网图，30，36-39，图 3.2，图 3.3

　　　　Window Notes，窗口笔记，30，31-32，表 3.1，表 9.2

　　value of，……的价值，28-29，41-42

P

pattern recognition, in predicting and hypothesizing，类型辨识，预测和假设，69-70

Perini, M. J.，马修·佩里尼，74-77，图 6.2

Perspective Chart，观点图，102，106-107，图 8.1

perspective taking and empathizing. See also 集思广益和移情理解 empathy 移情

　　contemporary academic standards on，当代学术标准，100

　　and deeper learning，深层学习，深度学习，101

　　as part of being human，人类，99

　　as thinking skill for meaning making，意义建构的思维技能，2，111

　　tools for teaching，教学工具，教学方法，101-111

　　　　A Day in the Life，一天的生活，102，109-111，表 9.2

　　　　Meeting of the Minds，观点交锋，102，108

　　　　Mock Trial，模拟审判，102，108-109

　　　　Perspective Chart，观点图，102，106-107，图 8.1

　　　　Put the "You" in the Context，把自己摆进去，102，104-106

　　　　Questioning Prompts，问题提示，102，104

usefulness in variety of fields，在各种领域中的有用性，101，102，表 8.1，107-108

value for critical thinking，批判性思维的价值，100

Power Previewing，加强预览，57-59，图 5.1

predicting and hypothesizing. *See also*，预测和假设

hypothesis 假设

 benefits of，优势，好处，70

 as fundamental thinking skills，作为基本思维技能，81

 as hook to create interest，激发兴趣，67，69，70，71

 refining, after new learning，提炼，在新学习之后，77

 strategies for integrating into instruction，融入教学的策略，70-81

  If-Then，"如果……那么……"，70，79-81

  Inductive Learning，归纳学习，70，74-77

  Mystery，谜题活动，70，77-78，图 6.3

  Prediction-and Hypothesis-Based Hooks，基于预测和假设的导论，70，71-74，表 9.2

 as thinking skill for meaning making，意义建构的思维技能，2

 as transferable skill，作为可迁移的技能，69

 useful, pattern recognition and causal reasoning as basis of，基于有用的模式识别和因果推理，69-70

prediction definition of，……的预测定义，68

 as powerful problem-solving strategy，解决问题的有力策略，68

Prediction-and Hypothesis-Based Hooks，基于预测和假设的导论，70，71-74，表 9.2

Pressley, Michael，迈克尔·普莱斯利，56

prewriting planning skills, Inductive Learning strategy and，重写计划技能，归纳学习策略，77

Put the "You" in the Context，把自己摆进去，102，104-106

puzzles and mysteries, as hooks to create interest，谜题和神秘，激发兴趣，72，77-78，图 6.3，表 9.2

Q

Questions 问题

Essential Questions (EQs) strategy, 基本问题策略, 7, 10-12, 表1.1, 115, 表9.2
    as hooks to create interest, 激发兴趣, 71-74, 表9.2
    Questioning Prompts, 问题提示, 102, 104

R

Reading for Meaning strategy, 意义阅读策略, 57, 65, 表5.3, 表9.2
reading for understanding, 阅读理解
    construction of mental pictures and, 思维图的建构, 87-88, 图7.3
    identifying clues about content, 辨识关于内容的线索, 58
    modeling, importance of, 示范, 重要性, 59
    strategies for teaching, 教学策略, 57-65
        Power Previewing, 加强预览, 57-59, 图5.1
        Reading for Meaning, 意义阅读, 57, 65, 表5.3, 表9.2
        Reading Stances, 阅读立场, 57, 61-64, 表5.2, 表9.2
        Scavenger Hunt, 寻宝游戏, 57, 59, 表5.1
        Single-Sentence Summaries, 单句总结, 57, 61
    and textual evidence, establishing expectations for, 文本证据, 建立期望, 64
    as thinking skill for meaning making, 意义建构的思维技能, 2
    three phases (before, during, after), 三个阶段（阅读前、阅读中、阅读后）, 56, 57
    importance of all three phases, 三个阶段的重要性, 56
    strategies for mastering each phase, 掌握每个阶段的策略, 65, 表5.3
    as vital skill for learning and meaning making, 学习和意义建构的关键技能, 56, 66
Reading Stances, 5阅读立场, 7, 61-64, 表5.2, 表9.2
Review 回顾, 复习
    Inductive Learning strategy in, 归纳学习策略, 77
    organizers and, 组织者, 92, 96, 98
    in reading for comprehension, 阅读理解, 65
    Webbing in, 思维网图, 36

S

Scavenger Hunt, 寻宝游戏, 57, 59, 表5.1

self-monitoring, note making and summarizing and，自我监控，做笔记和做总结，33，35，36

Silver, H. F.，哈维·F. 西尔维，38-39，57-58，74-77，图6.2

Single-Sentence Summaries，单句总结，57，61

Social Studies' College, Career, and Civic Life（C3）Framework 学院、职业和公民生活（C3）社会研究框架

    dual content and process emphasis in，双重内容和过程强调，118

    emphasis on knowledge of big ideas，强调大概念的知识，7b

Split Screen，屏幕分区，83，84-87，图7.2

SQ3R（Survey, Question, Read, Recite and Review）reading strategy, and Interactive Note Making，阅读策略SQ3R（即调查、提问、阅读、背诵和复习），交互式笔记，33

standards, academic 标准，学术

    dual content and process emphasis in，双重内容和过程强调，118

    focus on knowledge of big ideas，关注大概念的知识，7b

    including in curriculum Mapping Matrix，课程图谱矩阵包括，119

    on perspective-taking，集思广益，100

Stone, Bj，贝齐·斯通，90

story maps，故事导图，93，图7.7

student engagement 学生参与

    beginning on familiar ground and，从熟悉的地方开始，47-48

    collaborative meaning making and，合作意义建构，40，44

    focus on big ideas and，关注大概念，6，24

    focus on student experiences and，关注学生体验，104-105

    and game formats for academic tasks，用于学术任务的游戏方式，57，59，77-78

    and meaning making，意义建构，1-2

    mental imaging and，心理成像，83，87，89

    modeling and，示范，59

    and note making（vs. taking），做笔记（对照：做笔记），31

    nurturing of student responses and，培养学生的反应，61-62

    predicting and hypothesizing and，预测和假设，67，69，70，71-74，表9.2

    visualizing and graphic representation and，可视化和图示表征，87

study and review. *See* review, 研究和回顾, 参见: 回顾, 复习

A Study in...strategy, "一项关于……的研究"策略

    for focusing curriculum on big ideas, 关注大概念的课程, 7, 8-9, 图 1.1, 115, 表 9.2

    for teaching conceptualizing, 教学概念化, 15, 19-21

summarizing. *See* note making and summarizing 总结。参见: 做笔记和做总结

Survey, Question, Read, Recite and Review (SQ3R) reading strategy, and Interactive Note Making, 阅读策略 SQ3R (即调查、提问、阅读、背诵和复习), 交互式笔记, 33

T

Taba, Hilda, 希尔达·塔巴, 74

teacher's role 教师角色

    in deep learning, as facilitator (guide on the side), 深度学习, 促进者 (从旁指导), 2

    traditional, as information dispenser (sage on the stage), 传统, 信息发布者 (讲台圣贤), 2

thinking skills for meaning making, 2. *See also* comparing; conceptualizing; note making and summarizing; perspective taking and empathizing; predicting and hypothesizing; reading for understanding; visualizing and graphic representation and contemporary academic standards, 意义建构的思维能力, 2. 另见: 比较; 概念化; 做笔记和做总结; 集思广益和移情理解; 预测和假设; 阅读理解; 可视化和图示表征以及当代学术标准, 118

    as essentials for good thinking, 优质思维的要素, 2

    incorporating into instructional unit, 融入教学单元, 113-114, 114b-116b

    as manageable way to raise achievement, 易于管理的提高成就的方式, 3, 4

    as often undertaught, 经常会被忽视, 3

    reasons for focus on, 关注的理由, 2-3

    as skills characteristic of high achievers, 表现优秀的人具有的技能特点, 3

    teaching students to apply, 教会学生去应用, 112, 表 9.1

    as valuable, transferable skills, 作为珍贵的、可迁移的技能, 3

Think of a Time strategy, 回想一段时间的策略, 105-106

Thoughtful Classroom Lesson/Unit Design Framework, 细致的课堂/单元设计框架, 116b

Top Hat Organizer, 高帽组织图, 表 4.1, 49, 图 4.3

transferable skills, 可迁移的技能

comparing as，比较，44，47

conceptualizing as，概念化，13-14，21，24

predicting and hypothesizing as，预测和假设，69

thinking skills for meaning making as，意义建构思维技能，3

transferring of skills 技能的迁移

comparing skills and，比较技能，44

conceptualizing skills and，概念化技能，13-14，21-22

focus on big ideas and，关注大概念，6，7，8

mastery of thinking skills and，思维技能的掌握，2

student facility in, importance of，学生便利，重要性，1，6

teaching to students，教会学生，112，表9.1，115b，118，120-121

visualizing and，可视化，93

U

understanding, student's development of. See meaning making 理解，学生的发展。参见：意义建构

V

Venn diagrams，维恩图，49

visualizing and graphic representation. See also graphic organizers 可视化和图示表征。又见：图形组织者

and dual coding，双重编码，82-83

and memory as image-based，基于图像的记忆，82，84，98

modeling for students，为学生示范，87

and reading comprehension，阅读理解，87-88，图7.3

strategies for，策略，83-98

Don't Just Say it, Display，阐述与展示并行，It，83，84，图7.1

Graphic Organizers，图形组织者，84，91-98，表9.2

Mind's Eye，心灵之窗，83，87-88，图7.3

Split Screen，屏幕分区，83，84-87，图7.2

Visualizing Vocabulary，可视化词汇，84，89-91，图7.4，图7.5，表9.2

as thinking skill for meaning making，意义建构的思维技能，2

as transferable skill，作为可迁移的技能，93

vocabulary，learning through visualizing and graphic representation，词汇，通过可视化和图示法学习，84，89-91，图7.4，图7.5，表9.2

W

Webbing，思维网图，30，36-39，图3.2，图3.3

What Can You Conclude?，你能得出什么结论？表4.1，50-51

what if? questions，as hook to create interest，"如果……会怎样？"问题，激发兴趣，71，表9.2

Wiggins, G.，格兰特·威金斯，12，100

Willis, Judy，朱迪·威利斯，68

Window Notes，窗口式笔记，30，31-32，表3.1

Wingren, Linda，琳达·温格伦，105-106

word problems，Math Notes strategy for solving，应用题，解决问题的数学笔记策略，30，32-33，图3.1

Y

Yes, But Why? questions，as hook to create interest，"是的，但是为什么呢？"问题，激发兴趣，71-72，表9.2

You Are There strategy，in teaching perspective taking and empathizing，"你就在现场"策略，教会集思广益和移情理解，105

作者简介

杰伊·麦克泰（Jay McTighe） 在教育领域的经历十分丰富，他在长期的坚守中积累了大量的实践经验。在学校和地区层级的教育工作中，他曾担任中小学教师、资源专家和项目协调员。在美国州级的教育工作中，杰伊就职马里兰州教育部门，协助组织领导了马里兰州基于标准的改革项目，并指导开发了教学多媒体数据库的教学框架。他还曾担任马里兰州评估联合组织的总监，这个州级联合组织致力于促成各学区共同开发形成性学业评估工具。

杰伊是一位成就卓著的作家，与他人合著了 17 本书，其中包括与格兰特·威金斯一同撰写的"理解为先教学"系列图书，这套书曾多次获奖，且一直是畅销的教学理论图书。他的多本专著被翻译成 14 种语言。杰伊还在包括《教育领导》（*Educational Leadership*）和《教育周刊》（*Education Week*）在内的重要研究性期刊上发表了 36 篇科研论文和多篇专著中的章节。他在教育发展方面拥有广博的专业背景，并且经常在国家和国际会议与研讨会上主持发言，他的身影遍及美国的 47 个州，加拿大的 7 个省，以及全球 38 个国家。

哈维·F. 西尔维（Harvey F. Silver），教育博士，是西尔维·斯特朗与思想教育出版社（Silver Strong & Associates/Thoughtful Education Press）的联合创始人兼总裁。哈维作为教育领域的专家，活跃于各级教育的专业演讲中，倡导通过实用的、基于研究的技术来改善课堂教学，并定期在美国和其他地区教育会议上发表演讲。他还直接与美国各地的学校、地区和教育组织进行合作，组织各类主题的研讨会和工作坊，主题涵盖学生参与度、差异化教学、严谨评估、教学领导以及战略性课程/单元设计等方面。

在哈维的整个职业生涯中，他一直致力于帮助教师和学生发挥潜能。他与已故的学者理查德·W. 斯特朗（Richard W. Strong）共同开发了"高效思维课堂"（The Thoughtful Classroom）项目，这是一项在美国非常有名的专业发展计划，旨在帮助每一个学生取得成功。最近，他与学者马修·J. 佩里尼（Matthew J. Perini）合作开发了"高效思维课堂教师效能框架"（the Thoughtful Classroom Teacher Effectiveness Framework），这是一个用于观察、评估和完善课堂实践的综合系统，该系统在美国多地的学区中得到广泛实施。哈维作为一名作家，撰写了多部教育畅销书，包括美国督导与课程开发协会（ASCD）的《六个核心》（*The Core Six*）和《策略型教师》（*The Strategic Teacher*）。他还是获奖丛书《今日教育者》（*Today's Educators*）的主要策划者，该系列图书为教师提供了大量能够促进教学和学习效果、易于实施的教学工具。

译后记

拿到这本原著时,我的内心十分激动,为什么呢?首先,在知识生产呈几何级增长的现状中,对从事高校教学一线工作有二十年教龄的我来说,总感觉自己的教学仿佛出现了一些跟不上时代潮流的问题。在教学中我怎么才能够通过教学范式的转变,促进学生的深度学习和意义学习呢?虽然这个问题谈不上困扰,但也是我从读博士起就一直很想解决的。

在面对这个问题时,有一个不可绕过的重要概念——深度学习,那么什么是深度学习呢?20世纪70年代国际学术界出现了"深度学习"和"浅层学习"这两个概念。简单地说,深度学习就是为理解与迁移而学习,是一个与浅层学习相对应的概念。如果用布卢姆的教育目标新分类来看,深度学习就是要最终培养学生的批判性思维和创造意识。如果从素养角度来看,深度学习能力就是学生胜任未来的学习工作所必须具备的能力。这些能力可以让学生灵活地掌握和理解学科内和跨学科的知识,以及应用这些知识去解决课堂和未来工作中的问题。

为了实现学生的深度学习,教师需要进行有深度的教学。这本书给我带来了一些新的视角和教学中切实可行的理念。尤其是在当今世界,知识往往具有情境化、碎片化、公众性、分散性和跨学科性的新特点,作者杰伊·麦克泰和哈维·F.西尔维在书中使用了大概念的理念,这是非常及时而又深刻的。这促使我们每一位教学工作者静下心来,真正去探索和确定值得让学生进行意义建构的知识,明确教学内容的重点,由表层知识符号的传递转变为重要的、可迁移的知识建构,重构深度课堂教学。

译后记

  优质的教学，或者有深度的课堂教学不一定在于技术形态有多么大的进步，而是通过学生在体验、探究、演示中经历真实的学习，让学生对知识进行理解和创造，这才是深度学习的过程。这本书就像给我打开了一扇窗，告诉我作为教师，通过七种思维技能如何帮助学习者参与积极的意义建构，从而促进学习者对课堂内容的深层理解和深度学习。在教学中，还有一种情况，我们有些教师简单地强调学生的主动学习就是自己学习，那么就可能出现这样的问题——学生在深度参与，但却不是深度学习。《为深度学习而教》是写给广大教师的一本非常实用的工具书，通过实际的课程案例，将课堂教学中教师的教和学生的学统一起来，教师的教是为了学生的学，而学生的学应该在教师的引导下进行，二者相互促进、相辅相成，不应重"学"而轻"教"。这本书指导教师如何引导学生进行深度学习，促进学生参与意义建构。

  教师要为提升学习者的深度学习能力而教，本书提到了概念化、做笔记和做总结、比较、阅读理解、预测和假设、可视化和图示表征，以及集思广益和移情理解七种意义建构的重要技能，并且在每章内容中，详细介绍了关于培养这些技能的一些实用的方法和工具。教师可以从这些方法入手，针对不同学科、不同课程中需要学习者掌握的技能，明确目标，创设情境，引导学生思考和探究，使学生真正地参与意义建构，实现思维能力的逐级培养提升。

  我的博士生导师浙江大学盛群力教授是一位慧眼独到的教育专家，细细想来，他对我的影响就如同《为深度学习而教》这本书中提到的，教师对学生的引导是多方面的。这本书是盛群力教授第一时间发现的，他鼓励我参与到这本书的翻译工作中来。感谢导师督促我接触国际和国内教育的热点，让我不断地提醒自己作为一名教师，也要随时进入高品质的深度学习状态，体会心流时刻；同时要肩负起教师责任，使课堂和学校成为真正的学习共同体，真正理解学生的学习历程，对学习规律进行揣摩和研究，通过有效的教学设计促进学生的深度学习。

  这本书内容丰富、结构清晰、语言简洁、图文并茂、通俗易懂，是一本非常亲近读者的教学理论图书，值得教育工作者细细研读、深入思考、积极实践和灵活运用。

本书的翻译可能还存在着一些疏漏或者差错，敬请读者批评指正！

丁旭

2021 年 1 月 11 日于浙大宁波理工学院

出版人　李　东
策划编辑　池春燕
责任编辑　颜　晴
版式设计　孙欢欢
责任校对　翁婷婷
责任印制　叶小峰

图书在版编目（CIP）数据

为深度学习而教：促进学生参与意义建构的思维工具/（美）杰伊·麦克泰（Jay McTighe），（美）哈维·F. 西尔维（Harvey F. Silver）著；丁旭译. —北京：教育科学出版社，2021.9（2023.12重印）
书名原文：Teaching for Deeper Learning：Tools to Engage Students in Meaning Making
ISBN 978-7-5191-2735-0

Ⅰ. ①为… Ⅱ. ①杰… ②哈… ③丁… Ⅲ. ①学习方法 Ⅳ. ①G791

中国版本图书馆CIP数据核字（2021）第177866号
北京市版权局著作权合同登记号　图字：01-2021-4652

为深度学习而教：促进学生参与意义建构的思维工具
WEI SHENDU XUEXI ER JIAO：CUJIN XUESHENG CANYU YIYI JIANGOU DE SIWEI GONGJU

出版发行	教育科学出版社		
社　　址	北京·朝阳区安慧北里安园甲9号	邮　编	100101
总编室电话	010-64981290	编辑部电话	010-64981265
出版部电话	010-64989487	市场部电话	010-64989009
传　　真	010-64891796	网　址	http://www.esph.com.cn

经　　销	各地新华书店		
制　　作	北京金奥都图文制作中心		
印　　刷	唐山玺诚印务有限公司		
开　　本	720毫米×1020毫米　1/16	版　次	2021年9月第1版
印　　张	11	印　次	2023年12月第10次印刷
字　　数	128千	定　价	36.00元

图书出现印装质量问题，本社负责调换。

Original title: Teaching for Deeper Learning: Tools to Engage Students in Meaning Making

ISBN: 9781416628620

By Jay McTighe and Harvey F. Silver.

© 2020 ASCD.

Translated and published by Educational Science Publishing House with permission from ASCD. This translated work is based on Teaching for Deeper Learning: Tools to Engage Students in Meaning Making by Jay McTighe and Harvey F. Silver.

ASCD is not affiliated with Educational Science Publishing House or responsible for the quality of this translated work.

All Rights Reserved.

本书中文版由 ASCD 授权教育科学出版社独家翻译出版。未经出版社书面许可，不得以任何方式复制或抄袭本书内容。

版权所有，侵权必究。